中國大陸 1989-2002

國家與社會關係

以鑲嵌之社會團體自主性為例

戴東清◎著

國家與社會

國家與社會的關係是個很有趣的課題。依據三民書局出版的新辭典（民七十八年初版），國指「具有土地、人民及主權的團體。」國家則界定為：「用武力造成，具有統治組織，行使對外獨立、對內管轄的最高權力，以統治居於一定土地上人民的政治團體。國家為一強制性的組織，具有主權。與其他組織的主要不同在於它對領土上的人與事具有強制執行命令的絕對權力。」

上述定義基本上與西方近現代政治思想家的看法是吻合的。亦即國家的構成要素是土地、人民、主權。自法理層面看，國家為法人，對內行使最高管轄權，對外則獨立。國家的特性則在其可以合法地使用暴力（強制力），並在法理上主張可以壟斷暴力的行使。從制度面看，現代國家的核心是：武裝部隊，治安警察，文官體系，檢察與法院系統。

社會，依據新辭典則是「由一群具有共同文化與地域之互動關係的個人和團體所組成的集合體。具有下列特徵：一、有相當程度的自給自足；二、數代相傳延續歷史；三、地區範圍大。」這一定義可能偏重社會學上的界定，比較特殊化。其實，就國家與社會關係言，我們可以將社會看成是人群互動關係的整體，因而今日也出現國際社會這樣的一個概念。

根據以上簡單的定義可知：從國家構成要素看，人民是國家構成要素之一，人民是社會的基礎，故國家應該包含了社會。沒有社會，國將不成國，正如沒有人民，國家就自然消失一樣。

但是國家與社會（人民）的關係究竟應當如何呢？當然隨著時空條件的變化而有不同安排與原理。國家雖然有三個構成要素，但是真正代表國家行使主權和統治權的都是政府。從這一意義觀之，國家「對其領土上的人與事具有強制執行命令的絕對權力，」即等於承認國家的政府對其領土內的人與事具有絕對的權力。在此種意義下，社會豈有自主性可言？公民社會怎會有出現的可能？從而可知如果吾人秉持上述國家的定義，不啻為任何政府的絕對統治權奠下理論的基石。

但是這種絕對權力的主張，從來就是受到挑戰的。從理論上說，政府是由少數自然人組成的，它當然不是人民的全部，更不是國家的全部。它在理論上和實際上都不可能亦不應該對領土內的人與事具有絕對權力。

早在兩千多年前，孟子就大聲疾呼：民為貴、社稷次之、君為輕，將人民、國家、政府（統治者）三者的次序明白的標舉出來。西方近代民主理論更明言：為了保障人民的生命、自由與幸福，才組織政府，建立國家。由此可見，國家與社會，政府與人民的關係應是十分清楚的。國家要服務社會，政府要服務人民。不是國家支配社會，政府控制人民。

政治學者認為國家的目的是多重的。一般包括安全、自由、秩序、正義、福利。其實這些都是構成國家主體的人民所追求的目的。在追求多重目的過程中，不同目的之間可能存在著衝突。例如外敵入侵或重大危難事件發生（如美國「九一一」恐怖攻擊事件），安全與秩序重要性自然提升，個人與團體的自由與福利難免要受到犧牲。另一方面，不同的個人和團體對上述五種目的的重要性和優先性也可能產生不同的看法與主張，需要政府透過憲政民主的程序予以調和。

　　如將國家視為一種統治權和支配力的象徵，自然產生國家社會強弱之辨。因而出現國家強，社會強；國家強、社會弱；國家弱、社會強；國家弱、社會弱四種可能的組合模式。從政府成為國家統治者來看，當然最擔心失去社會控制。在我國戰國時期，學者與從政者為了打擊貴族和地主，一再強調「民弱國彊，民強國弱」，主張政府施政，「務在弱民。」（見商君書，「弱民第二十」及「去彊第四」篇）目的自然是伸張中央政府的統治權。在我國兩千多年的專制歷史中多對「妄議時政」或「陰謀結社」的國民處以嚴刑重罰。外國亦然。羅馬帝國長期禁止並迫害基督教，中古時期懲罰異端，到了十九世紀仍有許多國家視勞工組織為非法。二十世紀並曾出現共產主義與法希斯的極權主義政治體制，強調國家對社會的絕對控制。

　　如將國家與社會看成是對立面，強調的是國家對社會的掌控，那麼所謂國家能力的概念就往往是從如何汲取社會資源，獲得社會認同，引導社會發展著眼。相反地，如果站在民主國家的立場，則國家能力的概念應當是服務社會，使人民獲得安全、自由、秩序、正義與福利的能力。這種能力絕不僅指一種強制性的，破壞性的能力，而是一種建設性的，引導性的能力。這種能力的發揮，與社會的健全發展，人民創造力的提升，息息相關。國家能力與社會能力非僅不相反相剋，反而是相輔相成。換言之，民為邦本，本固邦寧，強國與強民乃一體之兩面。

　　基於以上的管見，我們來讀戴東清先生的大作，也是他在國立政治大學中山人文社會科學研究所的博士論文，必然會對中國大陸的政治體制與社會發展產生濃厚的興趣。戴博士從西方流行的理論與概念出發，結合中國大陸近年對社會團體法制化歷程的探索和對若干社會團體的實證性研究，並從社會團體自主性的視角來剖析中國大陸國家與社會的關係，可以說是進入一個台灣學者較少進入的中國大陸研究領域。作者雖然發現多數西方國家理論不適用，而經濟改革開放尚未能改變國家與社會的關係，大陸社團的自主性仍然有限，這些發現並不令人意外。但是隨著大陸經濟領域的變革，國際聯繫的增加，社會分化的加速，新生議題的出現，意識型態影響力的式微，民主與法治呼聲的加強，勢必牽動未來國家與社會、政府與人民的關係。戴博士的研究成果提醒我們對此一議題的重視，自然有其學術上的貢獻，而今其論文出版，因此略贅數語，以為賀。

張京育

民九十四年十月三十一日
於台北市秀明雅苑

自　序

　　中國大陸國家與社會關係其實是一個不算新的題目，然而任何一個舊題目，在經過一段時日後，都有再重新加以檢證的必要。本書嘗試以社團自主性的角度切入，希望能夠藉此對大陸國家與社會關係有一種新的認識。

　　本書是個人博士論文的再製，將論文出版無非是希望辛苦獲致之研究成果，能夠與更多人分享。既然本書是論文以另一種面貌呈現，是以在出書之際，必須對曾經協助完成此本論文的師長表達由衷的感謝之意。

　　口試委員建民老師、輝老師、新宜老師、至柔老師的點撥，是此本論文得以此種形態面世的根本原因，包括副標題的修正。雅靈老師在問卷設計上的協助，亦是論文得以完成的重要因素。當然，若無英明老師人如其名的指導，此論文恐無法見天日。換言之，本書亦不可能出版。

　　另外要感謝京育老師答應為本書寫序，使本書增色不少。逸品學弟在與出版社連繫方面，以及儒明學弟在封面設計上所給予的協助，在本書出版之際亦一併致謝。當然，本書的出版要感謝家人的支持，沒有她們的體諒，出版本書的意義似乎不大。

　　最後，除了強調文責自負外，就是要再度感謝在本書出版的過程中，所有曾經對我有過幫助的人。

中國大陸國家與社會關係 1989-2002
——以鑲嵌之社會團體自主性為例

～目次～

～表目次～

～圖目次～

中國大陸國家與社會關係 1989-2002
——以鑲嵌之社會團體自主性為例

第一章　導論

第一節　問題的提出與研究目的

一、問題的提出

　　一九九四年三月吳國光與王兆軍針對鄧小平之後的中國大陸演變，提出「中共政權會不會垮台？」等十個生死攸關的問題。[1]最後，兩位作者提出鄧小平身後中國的六種前景：大亂、左翼極權、右翼集權甚至軍人干政、維持現狀、迅速民主化及漸進民主化。[2]其中漸進民主化被作者視為實現的機率較高，且

---

[1]　其餘九個問題為：誰會成為鄧之後的最高權力繼承者？大陸經濟會持續繁榮嗎？老百姓會不會造反？會不會出現地方割據？會不會發生軍閥混戰？民族問題會導致中國分裂嗎？台海兩岸會燃起戰火嗎？香港會發生政治和經濟地震嗎？中國會成為世界上新的「黃禍」嗎？請參閱吳國光、王兆軍，《鄧小平之後的中國：十個生死攸關的問題》，（台北：世界書局，一九九四年）。

[2]　維持現狀指的是經濟自由未能完全開放、政治控制半開半合，而漸進民主化則是指內部改革力量、軍隊內的現代化力量，和社會上的民主派，形成政治結盟並主導政局，實行繼續進行經濟自由化為主，輔以政治上一定程度的民主化的總體政策，請參閱吳國光、王兆軍，前引書，頁 374-376。Richard Baum 則提出鄧後十種前景，分別為最可能發生的有新保守主義、新權威主義、漸進發展（muddling through）；較不可能發生的是長期政治發展停滯（immobilism）、軍事干預、自上而下的民主革命、地方割據；最不可能發生的為自下而上的民主群眾運動、混亂、新毛主義復活，Richard Baum, "China After Deng: Ten Scenarios in Search of Reality," The China Quarterly, Vol.145（March 1996），pp.153-175.就目前大陸的現狀觀察，Richard Baum 的評估與事實較相近。

其前景得以實現的因素正在增加之中。[3]

　　從今天再回過頭看一九九四年兩位作者所關切的十個攸關生死問題不但沒有發生，而且情勢的演變與當初的關切可謂是背道而馳，江澤民不但在鄧小平死後繼續掌權，並且在二○○二年中共「十六大」之後續任中央軍委會主席，並且在二○○三年續任國家軍委主席，在中央集體領導排名第二，僅次於胡錦濤，繼續發揮影響力。[4]至於在經濟是否持續成長方面，中國大陸整體經濟成長雖然趨緩，卻也持續維持相當不錯的成長。[5]更不要說地方割據或軍閥混戰了，該等事件到現在尚未發現任何跡象，未來發生的可能性似乎也不大。如果說法輪功包圍中南海請願算是百姓造反的話，這可能十大問題中唯一近似發生的事。至於作者所提的六種前景，被作者認為是很難繼續下去的「維持現狀」正符合中國大陸目前發展的現狀，反而是被認為實現前景因素正在增加之中的漸進式民主化卻沒有什麼進展，直到今日尚未看到內部改革力量、軍隊內的現代化力量，和社會上的民主派，形成政治結盟並主導政局的現象出現。為什麼要預測中國大陸的發展前景是如此地困難？又為什麼有許多人關心中國大陸究竟會不會面臨垮台或崩潰的命運？

　　對於像中國這樣的具有十三億人口的大國，隨著改革開放腳步的加快，究竟會發生何種演變，不要說是旁觀者，即使是

---

[3]　　吳國光、王兆軍，前引書，頁 374-376。

[4]　　江澤民於二○○四年九月中共十六屆四中全會辭去中共中央軍委會主席，二○○五年三月辭去國家軍委主席，正式退出政治舞台。

[5]　　中國大陸自一九七八年改革開放至一九九七年的二十年間，平均經濟成率是百分之十，請參閱林毅夫等，《中國的奇蹟：發展戰略與經濟改革》，（上海：上海人民出版社，1998 年），頁 201；一九九八年至二○○一年的平均經濟成長率是百分之七點六，請參閱中華經濟研究院東南亞經貿投資資料庫。http://www.cier.edu.tw/。

政策的最終決定者，亦無法完全確定，所以必須以「摸著石頭過河」的方式，在不斷地嘗試錯誤中向前邁進。畢竟現有的以西方社會為主體的社會科學理論，運用在解釋與預測中國大陸各種現象有一定的困難度，所以即使事前預測與未來發展結果不盡相同，恐怕亦是在所難免。不過，由於中國大陸發展前景對世界上許多國家或社會造成影響，所以對於中國大陸前景的預測，恐仍將引起世界上許多專家學者的關注。

二〇〇二年，另一本深受矚目預測中國大陸前景發展的書《中國即將崩潰》出版，作者章家敦在書中指出，中國大陸加入世貿組織後對國有企業及金融事業的衝擊，可能引發全面性的崩潰。[6]然而在一場書籍評論的座談會中，與會學者認為該書不論在方法論上，以及在中國大陸處理加入世貿組織能力的評估方面有所不足，所以無法預估中國大陸即將在短時間崩潰。[7]這過程當然有時間差的問題，或許中國終將崩潰，但時間在一百年後，若果如此，我們在此時大談中國即將崩潰是否仍有意義？因此關注發展趨勢，有時比預測結果，顯得更有意義。

實際上早在章家敦之前即有學者作類似的預測，如 Jack A. Goldstone 在一九九五年和 Barrett L. McCormic 在一九九六年也曾預言中國即將崩潰。Goldstone 認為農業生產問題、工農不滿情緒、資產階級人口的擴充與大量人口流動的出現，在在都使得中國大陸面臨崩潰的危機，McCormick 則是從回顧前蘇聯東

---

[6]　章家敦，《中國即將崩潰》，侯思嘉、閻紀宇譯，（台北：雅言文化出版，2002 年），頁 231-260。

[7]　Yu-Shan Wu, "The Coming Collapse of China and the Question of Methodology", Issues & Studies Vol.38, No.2 (June 2002),pp.235-238; Nicholas R. Lardy, "China and the WTO: The Coming Collapse?", Issues & Studies Vol.38, No.2 (June 2002),pp.238-241.

歐列寧式政權垮台的過程，研判中國大陸終將步其後塵。[8]由此可知，每隔一段時間，就會有專家、學者出面預測中國大陸即將崩潰，只是實際情況的發展似乎與他們的預期有所出入。換言之，儘管中國大陸目前有許多問題，但是尚未有證據顯示，這些問題在短期內可能引發重大危機。[9]中國大陸曾經被視為約十年會有一個週期的政治危機週期，上次危機發生在一九八九年，在時序進入二○○五年之後，似乎已逐漸脫離危機週期的規律。[10]任何國家都可能發生各式各樣的危機，危機的結果卻不見得會帶來崩潰，其關鍵在於國家與社會如何面對及應付危機，雙方關係究竟在危機前後是如何彼此定位？

二、研究目的

本文不在於完全否定上述作者之看法，只是認為任何一種社會科學的預測與解釋，必須經過嚴謹的資料分析與檢證，否則將會使預測或解釋流於危言聳聽，對於我們認識現狀與發現問題，並無多大助益。換言之，國家會否發生正當性危機，不

---

[8] 請參閱 Jack A. Goldstone, "The Coming Chinsese Collapse, " Foreign Policy, No. 99 (Summer, 1995), pp.35-52; Barrett L. McCormick, "China's Leninist Parliament and Public Sphere: A Comparative Analysis," Barrett L. McCormick and Jonathan Unger, ed., China after Socialism: In the Footsteps of Eastern Europe or East Asia? (Armonk, New York: M. E. Sharpe, Inc. 1996), pp. 29-53.

[9] 目前比較凸出的問題有少數民族、東西差距、農民問題、流民問題、國企失業勞工、學生與知識分子的疏離及法輪功等問題等，請參閱 Martin King Whyte, "Chinese Social Trends: Stability or Chaos?" in David Shambaugh, ed., Is China Unstable? (Armonk, New York: M. E. Sharpe, Inc. 2000), pp. 143-163.

[10] 關於十年危機週期請參閱吳國光，〈試論當代中國的政治危機週期〉，《當代中國研究》，美國普林斯頓：當代中國研究中心，第四期，1999 年，頁 8-19。

僅要出現導致危機之事件，更重要的必須要看國家控制社會的能力，以及社會力是否足以藉由事件來撼動國家對其之限制。以天安門民主運動事件為例，在事件發生之前，中國大陸正面臨自改革開放以來最大的經濟危機—通貨膨脹。[11]然而危機的結果是以軍隊鎮壓收場，使得中國大陸社會運動就此陷於沉寂之中，晚近社會抗議事件雖然有增加的趨勢，但距離真正形成持續性的社會運動尚遠。[12]由此可知，政權出現正當性危機進而使得社會自主性增加，就必須具備兩項條件：一是引發正當性危機的事件出現；二是正當性危機出現後，社會力量興起與各方政治勢力透過妥協安排後，增加其本身的自由性。

　　本研究的目的要解答的問題是「天安門事件後中國大陸國家能力與社會自主性的關係」，此外社會力量之興起及政治勢力會否妥協，牽涉到各種菁英及一般民眾對政治的態度問題，故本文亦藉用政治文化的研究途徑來探討國家能力與社會自主性之關係。

---

[11] Kathleen Hartford, "The Political Economy Behind Beijing Spring", in Tony Saich, ed., The Chinese People's Movement: Perspectives on Spring 1989 (Armonk, New York: M. E. Sharpe, Inc. 1990), pp.70-73; Tony Saich, "The Rise and Fall of the Beijing People's Movement", in Jonathan Unger, ed., The Pro-Democracy Protests in China: Reports from the Provin. (Armonk, New York: M. E. Sharpe, Inc. 1991), pp.9-12; Jing Lin, The Opening of the Chinese Mind: Democratic Changes in China Since 1978, (Westport, Connecticut: Praeger, 1994), pp. 157-159

[12] 社會抗議事件增加趨勢，請參閱王春光，〈中國社會穩定調查報告〉，汝信等編《一九九八年：中國社會形勢分析與預測》，（北京：社會科學文獻出版社，1998），頁 121-132。另外，Harvey Nelsen 則表示社會不穩定的確已發生，但是尚不致發生摧毀政權的情況，Harvey Nelsen, "The Future of the Chinese State," David Shambaugh, ed., The Modern Chinese State (Cambridge: Cambridge University Press, 2000), pp. 230-235.

第二節　文獻回顧與本文觀點

一、現有文獻的觀點

（一）現代化模式

　　在探討中國大陸國家與社會關係，最常被引用的理論之一即為現代化模式，[13]此一模式的基本假設是，隨著經濟發展所帶動中產階級的擴大，最終會導致民主化的產生，換言之就改變國家與社會的關係。以現代化模式來看中國大陸的政治發展前景無疑是令人振奮的，因為自一九七八年改革開放至一九九七年的二十年間，中國大陸平均經濟成率是百分之十。[14]一九九八年至二○○一年的平均經濟成長率是百分之七點六，遠高於同期東亞主要國家如我國、日本、韓國、香港、印尼、馬來西亞、菲律賓、新加坡、泰國的平均經濟成長率百分之二。[15]有關經濟成長數字，請參考表 1-1。

---

[13] 林益民、涂肇慶編，《改革開放與中國社會》，（香港：牛津出版社，1999年），頁 1-12。此模式也是被用來解釋前蘇聯及東歐國家政權變遷的主要模式之一，參見 Giuseppe Di Palma, "Ligitimation from the Top to Civil Society: Politico-Cultural Change in Eastern Europe," World Politics, No.44 (October 1991):49-80

[14] 林毅夫等，前引書，頁 201。也正因為如此，Shaohua Hu 和 Henry Rowen 甚至分別樂觀地預測中國大陸將於二○一一年及二○一五年成為民主政權，請參閱 Shaohua Hu, Explaining Chinese Democratization, (Westport, Connecticut: Praeger, 2000); Henry Rowen, "The Short March: China's Road to Democracy," The National Interest, No.45 (Fall 1996), pp. 61-70.

[15] 東亞主要國家經濟成長率請參閱中華經濟研究院東南亞經貿投資資料庫，http://www.cier.edu.tw/

表格 1-1：中國大陸歷年經濟成長率

年份	1978	1979	1980	1981	1982	1983	1984	1985	1986	1987	1988	1989
GDP 成長率(%)	11.7	7.6	7.8	5.3	9.0	10.9	15.4	13.5	8.9	11.6	11.3	4.1
年份	1990	1991	1992	1993	1994	1995	1996	1997	1998	1999	2000	2001
GDP 成長率(%)	3.8	9.2	14.2	13.5	12.7	10.5	9.6	8.8	7.8	7.1	8.0	7.5
年份	2002	2003	2004	2005								
GDP 成長率(%)	8.3	9.1	9.4	8.9(預估)								

資料來源：劉國光等編，《2005 年：中國經濟形勢分析與預測》，北京：
社會科學文獻出版社，2004 年，頁 334-335。

　　至於經濟發展所帶動中產階級的擴大趨勢，似乎與經濟發展的趨勢同樣令人振奮。我們若依照李春玲以職業、收入、消費與生活水準、主觀認同作為劃分中產階級的標準，則職業中產佔適齡人口（16-70 歲非學生身分人口）的 15.9%，收入中產佔 24.6%，消費中產佔 35%，主觀認同中產佔 46.6%；四項綜合指標定義的中產階級則佔 4.1%，其中大都市的比例則佔 8.7%。[16]雖然綜合指標定義下的中產階級所佔適齡人口的比例較少，但整體而言，中產階級所佔的比例在上升，則是鮮有疑義。[17]

---

[16] 李春玲，〈中產階層：中國社會值得關注的人群〉，汝信等編，《二〇〇四年：中國社會形勢分析與預測》，（北京：社會科學文獻出版社，2004年），頁 51-63。

[17] 同上註。

　　不過，轉眼間改革開放已歷經二十餘年，除了一九八九年的天安門學生民主運動外，中國大陸的國家與社會關係依然沒有太大變化，民眾的政治參與並未增加。可能的原因有二，一是經濟發展的時間還不夠長，使得經濟發展的效應尚未完全發揮，假以時日終有政治參與擴大實現的一天，二是此一模式對中國大陸並不適用。究竟經濟發展時間多久才能造成國家與社會的改變，尚無可供檢證的客觀標準出現，故本文主要是討論該理論是否適用於解釋中國大陸的發展歷程。

　　現代化理論預設經濟、社會發展導致民主化的因果關係，引發學者不少的批評，例如 Dankwart A. Rostow 就指出相關性（Correlation）與導發性（Causation）不盡相同，不是所有社會和經濟因素都與政治因素有因果聯繫；[18]Robert A.Dahl 也曾表示相對高所得社會與民主化之間的關係不是簡單的因果關係。[19]由此可知，經濟發展與民主化之間的因果關係，仍存在不少疑義。即使是現代化理論代表人物 Seymour Martin Lipset 在修正其原先理論時，亦曾指出部分國家（如中東的產油國）有非常明顯的經濟成長，卻仍然維持強有力的威權體制，並承認經濟因素僅是導致民主化的部分原因。[20]實際上，貧窮的印度有民主與富有的新加坡卻無民主的例子，正可說明經濟發展與現代化導發民主化之論述，有相當的侷限性。

---

[18] Dankwart A.Rostow, "Transitions to Democracy: Toward a Dynamic Model " in Lisa Anderson. ed., Transitions to Democracy (New York: Columbia University Press,1999), p.21.

[19] Dahl 舉印度及十九世紀的農業美國為例，說明經濟發展不是民主化的必要條件，Robert A. Dahl, Democracy and Its Critics (New Haven: Yale University Press, 1989), pp. 251-253

[20] Seymour Martin Lipset et al.,"A Comparative Analysis of the Social Requisites of Democracy," International Social Science Journal, No.45 (May1993), p.156.

　　經濟發展促進民主政治發展被認為在大陸不適用的主要觀點有二：一是在中國大陸市場與計畫很難有明確的清楚劃分，因此看起來出現的社會自由，實際上是社會納入（incorporation of society），所以很難有任何立即改變的基礎；[21]二是研究發現經濟發展所造就出來的新富階級或企業家，是國家的伙伴（一說是新生的社會力量並未出現），所以很難成為推動政治變遷的力量，經濟變遷與政治變遷的關係並不明顯。[22]

　　實際上現代化模式預設中產階級擴大有助於政治體制向民主化發展，模式本身就面臨許多質疑，因為中產階級同時具有崇尚威權與自由的特性，而且通常不會率先加入民主化運動。[23]而許多學者的研究更顯示，中國大陸的中產階級普遍支持維持政治現狀，而不傾向挑戰政治權威，對於民主並不感興趣，他們需要的是一個可以維護秩序、收取賄賂、保障其特權的政府。

---

[21] Dorothy J. Solinger, China's Transition from Socialism: Statist Legacies and Marketing Reforms, (Armonk, New York: M. E. Sharpe, Inc.,1993),pp.197,259

[22] 中國大陸新富階級的特性請參閱 Zheng, Yongnian. " Development and Democracy: Are They Compatible in China", Political Science Quarterly, Vol.109, No.2 (1994), p.245; David S. G. Goodman,. "The People's Republic of China: the Party-State, Capitalist Revolution and New Entrepreneurs" in Richard Robison and David S.G Goodman, ed., The New Rich in Asia: Mobile Phones, Mcdonalds and Middle-Class Revolution. (London: Routledge. 1996), p.228; 政治變遷與經濟變遷關係不明顯請參閱 Bruce J.Dickson, "Political Instability at the Middle and Lower Levels: Signs of a Decaying CCP, Corruption, and Political Dissent", in David Shambaugh, ed., Is China Unstable? (Armonk, New York: M. E. Sharpe, Inc., 2000),p.45; Bruce J. Dickson, Red Capitalists in China: The Party, Private Entrepreneurs, and Prospects for Political Change (Cambridge: Cambridge University Press, 2003), pp.10-16.

[23] Margaret M.Pearson, China's New Business Elite: The Political Consequences of Economic Reform, (Berkeley and L.A.: University of California Press, 1997), p.29.

[24]即使是在外商工作的新富階級，其對政治的態度與本土的中產階級並沒有什麼不同。[25]由此可見，以現代化模式來看待中國大陸社會與國家的現狀與變遷，有其理論上的限制。

（二）公民社會模式

公民社會模式（Civil Society）[26]在一九八〇、一九九〇年代廣受學者們青睞，經常被用來解釋中國大陸國家與社會關係的模式之一，[27]也被視為是對中國現代化道路和與之相關理論爭論進行嚴肅反省的理論成果。[28]這也就可以理解為何公民社會研究途徑，會繼現代化理論之後，成為熱門的模式之一。不過，

---

[24] Margaret M.Pearson, China's New Business Elite, p.29; David S. G.Goodman, "The New Middle Class", in Merle Goldman and Roderick Macfarquhar, ed., The Paradox of China's Post-Mao Reforms. (Cambridge, Massachusetts: Harvard University Press, 1998), p.258; Merle Goldman and Roderick Macfarquhar, "Dynamic Economy, Declining Party-State", in Merle Goldman and Roderick Macfarquhar, ed., The Paradox of China's Post-Mao Reforms (Cambridge, Massachusetts: Harvard University Press, 1998), p.17.

[25] Pearson, op. cit., pp.137-138.

[26] Civil Society 中文翻譯有市民社會、民間社會及公民社會，本文採用「公民社會」主要是與 Civic Culture 的翻譯「公民文化」相互配合，另外公民亦有政治學上的涵義，符合本文論述的脈絡。

[27] 主要是因為許多中國問題學者廣泛運用此模式解釋天安門事件，請參閱趙文詞（Richard Madsen），〈五代美國社會學者對中國國家與社會關係之研究〉，林益民、涂肇慶編，《改革開放與中國社會》，（香港：牛津出版社，1999 年），頁 50；Tony Saich, Governance and Politics of China (Hampshire, GB: Palgrave, 2001), p.206; Yijiang Ding, "The Conceptual Evolution of Democracy in Intellectual Circles' Rethinking of State and Society", Suisheng Zhao, ed., China and Democracy (New York: Routledge, 2000), pp.115-129.

[28] 孫曉莉，《中國現代化進程中的國家與社會》，（北京：中國社會科學出版社，2001 年），頁 198；鄧正來，〈中國發展研究的檢視：兼論中國市民社會研究〉，鄧正來與 J. C.亞歷山大編，《國家與市民社會》，（北京：中央編譯出版社，1998 年），頁 455-462。

　　儘管學者偏好用公民社會模式來解釋，但對於公民社會的範圍、特性及其與國家的關係，卻有不同的看法。例如 Martin K. Whyte 將公民社會區分為最小限度的公民社會及發展完成的公民社會；前者是指那些在家庭、工作場所及朋友間所形成之相對封閉的基本團體，後者則是指那些協會、俱樂部、工會等具自主性的團體。[29]趙文詞則指出公民社會是位於小的、單一的、原始的群體（如家庭）和大的、普遍的、理性結構的現代國家之間的社會生活領域。[30]

　　若我們再參照 Richard Baum 和 Alexei Shevchenko 的定義：公民社會模式通常是指存在具有相對自主性的中介團體以及社會力量，可以限制國家穿透範圍，[31]就可以發現 Martin K. Whyte 所指的最小限度公民社會，似乎範圍過於狹窄，加上其在討論公民社會是否已在中國大陸出現的過程中，仍是以協會等自主性團體為主，所以本文將公民社會視為是介於家庭與國家之間，出現具有相對自主性的中介團體和社會力量，應是合理的。

　　至於公民社會與國家的關係，趙文詞認為主要有三種：第一種強調公民社會應獨立於國家之外，構成公民社會的群體是個人自願結合；第二種是國家提供保護與支持的方式促使各種中介團體的形成，同時允許這些群體擁有大量自主權；第三種

[29] Martin K. Whyte, "Urban China: A Civil Society in the Making?" in Authur Lewis Rosenbaum, ed., State and Society in China: The Consequences of Reform, (Boulder, Colorado: Westview Press, 1992), p.78.

[30] 趙文詞（Richard Madsen），〈五代美國社會學者對中國國家與社會關係之研究〉，頁 50。

[31] Richard Baum and Alexei Shevchenko, "The State of the State", in Merle Goldman and Roderick Macfarquhar, ed., The Paradox of China's Post-Mao Reforms. (Cambridge, Massachusetts: Harvard University Press, 1998), p.348.

則是指公民社會是在反對文化和政治霸權的社會運動中逐漸形成。[32]由於第三種在何時確定成形後可以被觀察與討論，並不是十分確定，因此本文將不對此加以討論，而僅針對前兩種公民社會與國家的關係，進一步深究。而上述兩種公民社會出現的過程儘管有所不同，但二者有相同之處在於具備自主性，[33]因此我們可以說公民社會是否出現，是以該社會是否已具備排除國家干預的自主性團體出現，尤其是政治參與之自主性團體作為判斷的標準，若有則可稱為公民社會，若否則不能稱為公民社會出現。[34]

究竟公民社會是否在中國大陸已出現，目前學界並未達成共識。有部分學者，如 Thomas B. Gold、Martin K. Whyte、Gordon White、Richard Madsen 等，認為改革開放後許多社會團體的自主性提高，並且與官方型式與結構疏離，可以說已為公民社會指出明路，並且認為天安門事件的發生，就是公民社會出現的最佳例證。[35]然而，亦有學者如 Dorothy Solinger 和 Tony Saich

---

[32] 趙文詞（Richard Madsen），〈五代美國社會學者對中國國家與社會關係之研究〉，頁 51。

[33] 就如同 David L. Wank 所言，公民社會包括以市場為基礎，水平式組成之自願性團體，如政黨、學派、專業與宗教團體、以及媒體，所有這些團體都有部分自外於國家的自主性，David L. Wank, " Private Business, Bureaucracy, and Political Alliance in a Chinese City," the Australian Journal of Chinese Affairs, No.33(January 1995), pp.55-71.

[34] Jonathan Schwartz, "Environmental NGOs in China: Roles and Limits," Pacific Affairs, Vol.77, No.1, (Spring 2004): x34; Yijiang Ding, "The Conceptual Evolution of Democracy in Intellectual Circles' Rethinking of State and Society", p.128.

[35] Thomas B. Gold, "The Resurgence of Civil Society in China", Journal of Democracy,Vol.1, No.1 (Winter 1990), pp.18-31; Authur Lewis Rosenbaum, State and Society in China: The Consequences of Reform, (Boulder, Colorado: Westview Press, 1992), pp.15-17; Martin K. Whyte, "Urban China: A Civil

等則持不同的意見，他們認為改革開放並未在國家與社會之間產生明顯的區別空間，官員與商人共同對國家形成一種新的依賴，並認為天安門事件最後以失敗告終，很明顯就是因為公民社會未產生的關係。[36]同樣是解讀天安門事件出現的特性，卻出現如此不同的結果，不得不令人覺得以公民社會來作為解釋中國大陸國家與社會關係的模式，有其相當大的侷限性。Edward X.

Society in the Making?" pp.87-97; Gordon White, et. al., In Search of Civil Society: Market Reform and Social Change in Comtemporary China, (Oxford: Oxford University Press, 1996), pp.9, 208; Richard Madsen, "Globalization and Civil Society: The Challenge for China", 范麗珠編，《全球化下的社會變遷與非政府組織（NGO）》，（上海：上海人民出版社，2001 年），頁 198。

[36] Dorothy Solinger, "Urban Entrepreneurs and the State: The Merger of State and Society," in Authur Lewis Rosenbaum, ed., State and Society in China: The Consequences of Reform, (Boulder, Colorado: Westview Press, 1992), p.121; Tony Saich, Governance and Politics of China, p.206;另外 Heath B. Chamberlain 在檢討天安門事件後指出，並無明顯證據顯示公民社會在中國大陸已出現，Heath B. Chamberlain, "On the Search for Civil Society in China", Modern China, Vol.19, No.2 (April 1993), pp.199-215.; Ole Bruun 則認為由於社會團體的基本意識形態、價值與傾向仍然有強烈的的延續性，所有他們所做的只是要建立及強化與官僚間的關係，所以他質疑此一概念的適用性，Ole Bruun, "Political Hierarchy and Private Entrepreneurship in a Chinese Neighborhood" in Andrew G. Walder (ed.), The Waning of the Communist State: Economic Origins of Political Decline in China and Hungary, (Berkeley and Los Angeles: University of California Press, 1995), pp.184-85. Suzanne Ogden 則與 Ole Bruun 有同樣的看法,認為精英的訴求是希望與國家目標完全相容（completely compatible），故非公民社會對抗國家的例證，Suzanne Ogden, Inklings of Democracy in China, (Cambridge: Harvard University Asia Center, 2002), p.262; 丁學良更稱公民社會概念與中國大陸鮮有關係，Xue Liang Ding, The Decline of Communism in China: Legitimacy Crisis, 1977-1989, (Cambridge: Cambridge University Press,1994), pp.24-26; Lucian Pye 則認為未來若中國人樂於提昇其互享之私人利益，才算是真正公民社會的開始，Lusian Pye, "The State and the Individual: An Overview Interpretation," Brian Hook, ed., The Individual and the State in China, (Oxford: Oxford University Press, 1996).pp.16-42.

Gu 更曾表示為了不願陷入中國大陸是否存在「公民社會」的爭論，他決定另以「多元制度主義」（plural Institutionalism）來說明中國大陸出現之知識分子的公共空間。[37]

贊成中國大陸已出現公民社會的學者，普遍都會以東歐波蘭的團結工聯為例，說明公民社會的出現遲早會對列寧式政黨形成要求政治變革的挑戰，進而使該等政黨邁向民主化。[38]不過，中國大陸自一九七八改革開放政策施行以來已歷經二十餘年，若上述認為公民社會已出現的看法是正確無誤的，民主化理應在中國大陸已逐步實現，然而實際情況並未如此發展，民主化的腳步依然未見。相反地，一度被視為具有發展前景的公民社會環境，因為天安門事件的發生，使得許多人降低對該環境的期望，進而使運用公民社會模式解釋中國大陸的國家與社會關係，引發更多的疑問。[39]誠如 Margaret M.Pearson 所言，假設經濟發展與民主化之間的因果關係，缺乏理論上與經驗上的支持，公民社會概念在社會主義系統之脈絡中就非常不明顯。[40]因此，當我們在運用公民社會模式解釋中國大陸國家與社會關

---

[37] Edward X. Gu, "Plural Institutionalism and the Emergence of Intellectual Public Spaces in China", Suisheng Zhao, ed., China and Democracy (New York: Routledge, 2000), pp.141-142.

[38] Martin K. Whyte, "Urban China: A Civil Society in the Making?"pp.78-80; Gordon White, "Prospects for Civel Society in China: A Case Study of Xiaoshan City", The Australian Journal of Chinese Affairs, No.29 (January, 1993),p.64.

[39] Bruce J. Dickson, Red Capitalists in China: The Party, Private Entrepreneurs, and Prospects for Political Change, p.23；另外魏昂德認為「公民社會興起」之觀點的一個重大缺陷，是似在暗示中國大陸的社會自主性採取與歐洲相類似的形式，請參閱魏昂德（Andrew Walder），〈現代中國國家與社會關係研究：從描述現狀到解釋變遷〉，林益民、涂肇慶編，《改革開放與中國社會》，（香港：牛津出版社，1999 年），頁 67。

[40] Margaret M.Pearson, China's New Business Elite, pp.25-26.

係，必須有所警覺。

運用公民社會模式解釋中國大陸國家與社會關係的另外一種侷限性來自於該模式基本上是以工會作為公民社會的基礎，如波蘭的團結工聯，但將該模式運用在中國大陸上，則轉為以各種商業組織為基礎，實際上在改革開放後所產生的新富階級及其所組成的組織，基本上不會向國家要求進行政治變革。[41]甚至有證據顯示，部分曾經支持天安門民主運動的新富階級，事後都有些許悔意，因為隨之而來的經濟緊縮政策使其損失不少商業利益。[42]

近來中國大陸學者也紛紛運用公民社會的研究途徑來解釋國家與社會關係，當然也有二派意見，一派認為國家在中國現代化進程中發揮不可動搖的作用，因此不存在催生自主公共空間的公民社會，或者認為中國大陸社會現仍具濃厚傳統、封閉性格，距離公民社會的形成，仍有相當大的距離。[43]另一派則是從社會學意義上公民社會所強調的「中間性」，即公民社會是介於國家與企業之間的中間領域，來說明改革開放後，公民社會賴以生存和發展的經濟、政治、法律和文化環境發生了根本性的變化，進而使公民社會得以興起。[44]當然，中國大陸學者對

[41] Margaret M.Pearson 指出商業菁英不認為他們可以向上級官員表達要求政治變革的意見，也相信本身處於相對無權的狀態，Margaret M.Pearson, China's New Business Elite, p.102.

[42] Bruce J. Dickson, Red Capitalists in China: The Party, Private Entrepreneurs, and Prospects for Political Change, p.23.

[43] 孫曉莉，《中國現代化進程中的國家與社會》，（北京：中國社會科學出版社，2001 年），頁 198-199；肖雪慧，《公民社會的誕生》，（上海：上海三聯書店，2004 年），頁 171-176；李圖強，《現代公共行政中的公民參與》，（北京：經濟管理出版社，2004），頁 228-232。

[44] 俞可平，〈中國公民社會的興起及其對治理的意義〉，俞可平編，《中國公民社會的興起與治理的變遷》，（北京：社會科學文獻出版社，2002），

於本身公民社會的定義與用法也有所自覺，認識到其所定義的公民社會與西方的概念有差異，所以將之稱為「典型的政府主導型的公民社會，具有明顯的官民雙重性。」[45]若我們以本文對於公民社會的定義，即社會是否已具備排除國家干預的自主性團體出現，尤其是影響決策之自主性團體作為判斷的標準，來檢視中國大陸學者認為的公民社會，可以據此判斷中國大陸的公民社會並未出現。

基於以上種種因素，公民社會模式在中國大陸的適用性有一定的困難度，運用該模式解釋中國大陸國家與社會關係，不會使我們更瞭解中國大陸與社會關係。甚至有學者認為因中國大陸缺乏公民產生的制度性和非制度性基本條件，使得與臣民社會還緊緊地連著臍帶，進而使邁向公民社會腳步異常艱難。[46]或有謂公民社會只是一種觀察國家與社會之理念型研究途徑，是幫助我們瞭解中國大陸國家與社會變化的一種視角，若有扞格現象是自然的現象，因為研究途徑本身就有其侷限性。[47]當

頁 196-197；王逸舟，〈國內進步基礎上的中國外交〉，俞可平編，《中國公民社會的興起與治理的變遷》，（北京：社會科學文獻出版社，2002），頁 160-170；陳滟，《非營利組織：戰略管理問題研究》，（哈爾濱：黑龍江人民出版社，2003），頁 145-148；陶傳進，〈中國市場經濟領域的公民社會〉，王名編，《中國非政府公共部門》，（北京：清華大學出版社，2003），頁 55-57。

[45] 俞可平，〈中國公民社會的興起及其對治理的意義〉，頁 216。另孫立平將之稱為「自上而下形成的公民社會」，參見孫立平，〈民間公益組織與治理：希望工程個案〉，俞可平編，《中國公民社會的興起與治理的變遷》，（北京：社會科學文獻出版社，2002），頁88。

[46] 肖雪慧，《公民社會的誕生》，（上海：上海三聯書店，2004 年），頁 171-176。

[47] 請參見 David Yang Da-hua, "Civil Society as an Analytic Lens for Comtemporary China," China: an Internatioal Journal, Vol.2, No.1 (2004), pp.1~27.

然，我們不能否認理念型研究途徑應有的作用，但是我們若能發現更有用的工具來分析與解釋現象，我們為何只要侷限於理念型呢？由於強調社會為主、國家為輔的公民社會模式，缺乏理論及經驗事實的印證，使得強調國家為主、社會為輔的組合主義模式，很自然就成為新一波被用來解釋中國大陸國家與社會關係的模式。

（三）組合主義模式

組合主義（corporationism）在一九九〇年代，[48]是經常被運用來解釋中國大陸國家與社會關係的模式之一，而且其訴求有愈來愈被擴大運用的趨勢。[49]包括 Jean C. Oi 所提出的再分配（redistributive）組合主義或地方國家組合主義，[50]Victor Nee 及 Nan Lin 所提出的地方組合主義，以及 Yusheng Peng 針對地方國家組合主義所提出的修正理論：具有市場紀律的地方國家組合主義。[51]儘管學者對於地方組合主義的定義與運作有不同的

---

[48] Corporationism 在台灣被譯為組合主義與統合主義，但統合主義易與另一字 integration 的翻譯「統合」混淆，故採用前者。

[49] Ray Yep, "The Limitations of Corporatism for Understanding Reforming China: an empirical analysis in a rural county,"Journal of Contemporary China, Vol.9, No.25 (2000), pp.547-566.

[50] Jean C. Oi., " The Fate of the Collective after the Commune", in Deborah Davis and Ezra F. Vogel, ed., Chinese Society on the Eve of Tiananmen: The Impact of Reform (Cambridge, MA: Council on East Asian Studies, Harvard University, 1990), p.33; Jean C. Oi, "Fiscal Reform and the Economic Foundations of Local State Corporatism in China", World Politics, Vol.45, No.1(October 1992), pp.99-126.; Jean C. Oi, Rural China Takes Off: Institutional Foundations of Economic Reform, (Berkeley: Unviersity of California Press, 1999), pp11-14.

[51] Victor Nee, "Organizational Dynamics of Market Transition: Hybrid Forms, Porperty Rights, and Mixed Economy in China", Administrative Science

觀點，然而他們有一個共同的立論基礎，那就是改革開放政策施行的結果，地方政府成為集體企業或鄉鎮企業的董事會，與地方企業的管理階層合作，共同為營收而努力。[52]換言之，該理論的基本假設即是，國家給予某些社會組織特定壟斷的權力，進而與該組織共同推動政策的制訂與執行，以確保政策的順利推動。[53]

由於地方政府在整個企業發展過程中，仍然具有投資及雇用管理階層的權力，故亦被稱為國家組合主義。然而隨著改革開放政策的持續，有論者就指出中國大陸的國家組合主義將向社會組合主義過渡，進而導致自由化與民主化的產生，例如 Jonathan Unger and Anita Chan 就指出日本、南韓、台灣都曾經歷國家組合主義順利過渡到社會組合主義的過程，中國大陸亦可能出現類似的轉型。[54]不過，最近亦有某些例證顯示，地方國

Quarterly, Vol.37, No.1 (1992), p.27;Nan Lin, "Local Market Socialism: Local Corporatism in Action in Rural China", Theroy and Society, Vol.24, No.3 (June 1995), pp.301-54; Yusheng Peng, " Chinese Villages and Townships as Industrial Corporations: Ownership, Governance, and Market Discipline", American Journal of Sociology, Vol.106, No.5 (March 2001), pp.1338-70.

[52] 請參閱 Jean C. Oi., " The Fate of the Collective after the Commune", p.33; Jean C. Oi, "Fiscal Reform and the Economic Foundations of Local State Corporatism in China", p.118; Andrew Walder, "The County Government as an Industrial Corporation", in Andrew Walder ed., Zouping in Transition: The Process of Reform in Rural North China, (Cambridge: Harvard University Press, 1998), p.84.;Richard Baum and Alexei Shevchenko, "The State of the State", in Merle Goldman and Roderick Macfarquhar, ed., The Paradox of China's Post-Mao Reforms. (Cambridge, Massachusetts: Harvard University Press, 1998) , p.348.

[53] Jonathan Unger and Anita Chan, "Corporatism in China: A Developmental State in an East Asian Context" in Barrett L. McCormick and Jonathan Unger, eds., China after Socialism: In the Footsteps of Eastern Europe or East Asia? (Armonk, NY: M.E. Shape, 1995), p.129.

[54] Jonathan Unger and Anita Chan, "Corporatism in China: A Developmental

家組合主義不僅無法解釋地方政府與企業之間的關係，對於未來的政治發展之解釋亦無幫助。

Sargeson 和 Zhang 針對杭州地區所作的案例研究顯示，地方政府官員將其本身的目標置於中央政府及社區之上，在缺乏責任制的情況下，地方社區被排除在整個決策過程之外，除了跟隨地方政府的政策外，別無其他選擇。[55]Gordon White 等則認為組合主義通常是具備特定目的意識的國家菁英所作的制度設計，由於中國大陸的改革是漸進的、不連貫的、不明確的過程，所以談論中國大陸組合主義出現，是一種誤導。[56]另外，Dickson也指出組合主義缺乏實用性在於其不足以解釋變遷，這是該理論運用於中國大陸時，常出現錯誤的原因，因為該理論無法有效解釋國家組合主義向社會組合主義緩慢及漸進的演變過程。[57]組合主義被批評最嚴重的莫過於如 Youssef Cohen 和 Franco Pavoncello 所說的，該模式無法明確區分其與威權主義或極權主義之其他形式的差別。[58]

State in an East Asian Context", p.129. 同樣地 Jean C. Oi.也認為地方政府參與企業運作，使中國大陸更接近東亞新興國家成功的發展型國家模式，請參閱 Jean C. Oi., "The Role of the Local State in China's Transtional Economy", The China Quarterly, No.144 (December, 1995), p.1148.

[55] S. Sargeson and Jian Zhang, "Re-Assessing the Role of thd Local State: A Case Study of Local Government Interventions in Property Rights Reform in a Hangzhou District", The China Journal, No.40 (July 1999), pp.77-99.

[56] Gordon White et. al., In Search of Civil Society: Market Reform and Social Change in Contemporary China, (Oxford: Oxford University Press, 1996), pp.212-213.

[57] Bruce J. Dickson, "Cooptation and Corporatism in China: The Logic of Party Adaptation", Political Science Quarterly, Vol.115, No.4 (2000), p.537。

[58] Youssef Cohen and Franco Pavoncello, "Corporatism and Pluralism: Acritique of Schmitter's Typology," British Journal of Political Science, Vol.17 No.1 (January 1987), pp.117-122.

　　Ray Yep 更透過山東省環台縣的案例研究，發現社會團體無法有效扮演溝通管道，且社會利益存在多樣性，使得組合主義在中國大陸僅具備形式，而不具有實質內涵，因此他認為組合主義要作為概念來理解中國大陸國家與社會變化之分析工具的作用十分有限。[59]鄧國勝更明白表示，中國大陸官辦 NGO 發展的道路，將是建立歐洲式的統合主義式，這可能就是未來較長時間內中國大陸 NGO 發展的主流模式。[60]既然是未來的發展道路，很顯然就是指現在尚未發展到該階段。

　　因組合主義理論尚存在上述爭論，故該理論自然就很難作為本文解釋中國大陸國家與社會關係，可以借用的理論之一。另外，該理論在解釋國家與社會關係有侷限性的另一原因，就是該理論對於解釋政治經濟方面有一定的效力，但要將此理論運用來解釋政治發展或國家能力與社會自主性的關係，就缺乏解釋的效力。[61]對於本文欲解答問題的幫助就不大，自然就必須尋找其他理論或研究途徑來替代。

---

[59] Ray Yep, "The Limitations of Corporatism for Understanding Reforming China: an empirical analysis in a rural county," Journal of Contemporary China, Vol.9, No.25 (2000), pp.547-566.

[60] 鄧國勝，〈1995 年以來中國 NGO 的變化與發展趨勢〉，王名編《中國非政府公共部門》，（北京：清華大學出版社，2003 年），頁 97。孫曉莉則是以中國大陸的中間組織和西方歷史中的中間組織，並不具有很強的相似性，間接否決自由主義及組合主義模式，在解釋中國大陸國家與社會關係的適用性，請參閱孫曉莉，《中國現代化進程中的國家與社會》，（北京：中國社會科學出版社，2001 年），頁 67。

[61] Dickson 以前蘇聯的利益團體模式為例。說明倡導中國大陸組合主義有可能誤導吾人對於大陸未來政治路線的預期，請參閱 Bruce J. Dickson, "Cooptation and Corporatism in China", p.534

二、本文的論點

　　經由以上三種模式的分析，本文認為上述理論對於中國大陸國家與社會關係均有一定的解釋力，因為中國大陸不論是國家或者是社會的確在過去的二十餘年中的確有不少的改變，部分商業組織的經濟自主性的確亦出現，但我們也發現某些關鍵性的部分仍然未變，例如民眾的自發性組織社團的權限並未擴大，村自治選舉層級並未向上提升，無助於改變民眾對政治的態度，政治與宗教性組織仍然不見容於中國大陸社會。因此，本文認為上述社會自主性的出現，是在國家無法控制或不認為需要控制的領域內才得以存在，換言之該種自主性是在某種範圍內被允許存在，超越該範圍即會受到國家的限制，故本文將之稱為鑲嵌之社會自主性（embeddness social autonomy）。

　　鑲嵌之社會自主性主要是借用 Peter Evans 的概念，Evans 舉韓國地下鐵罷工事件最終導致工人被政府以強勢警力逮捕以恢復地下鐵正常運作為例，說明儘管國家為經濟發展扶持某些社會力量，但當國家想要使用強制手段時，它依然擁有自主性可以做到控制社會的地步。[62]換言之，國家雖然鑲嵌於其與社會之相互關係之中，其自主性並未因此喪失。不過，由於 Evans 所解釋的國家對象是民主國家的日本及軟性威權國家最後蛻變為民主政權的台灣與南韓，就如同 T.J. Pempel 所言，日本是憲政民主國家，國家是深深地鑲嵌在保障公民自由的社會之中，使得國家的自主性受限。[63]故將該模式運用來解釋中國大陸的國

---

[62] Peter Evans, Embeddness Autonomy (Princeton: Princeton University Press, 1995), pp.227-228.

[63] T.J. Pempel, "The Developmental Regime in a Changing World Economy", Meredith Woo-Cumings, ed., The Developmental State (Ithaca: Cornell

家與社會關係必須從另外一種角度切入。

　　本文主要是從社會自主性的角度而非國家自主性角度來探討國家與社會關係，理由有二：一是中國大陸的政權屬性既非屬於民主政體，亦不類似於一九八〇年代的軟性威權政體，不宜用國家自主性的角度探討；二是 Evans 所舉的例證洽洽說明社會自主性是在國家允許的範圍內方得以出現，因此本文以鑲嵌之社會自主性來說明中國大陸的國家與社會自主性應屬合理。換言之社會自主性是鑲嵌於以國家為代表的某種結構之中，這個結構由兩個部分所組成，一部分是決定結構的強度，以「政權屬性」作為代表，政權屬性愈趨向極權政體，結構的強度就愈強。舉例言之，威權政體自然比後威權政體對社會的控制力更大，所形成的結構，對於社會力量的約制就愈大，國家與社會的關係就不容易改變。另一組成部分則是結構內的活動範圍，其呈現方式是以「國家能力」強弱為標準，「國家能力」愈強，則在結構內的活動範圍就愈小，反之若國家能力愈弱，結構內的活動範圍就愈大，甚至大到可以被忽略的程度，但不論活動範圍的大小，除非結構已改變，否則任何社會自主性活動仍將在某種程度之內仍然受到國家的節制。

　　至於結構的藩籬能否持續維持，端視社會自主性會否於某日發展至不受該結構約制之程度，即國家不會亦不能採取強制手段限制社會自主性之發展，加上社會自主性之展現又與一個社會的政治文化有關，例如 Lucian Pye 就曾指出亞洲國家對於父權權威具有強烈依賴感的政治文化，使得各國的威權政體往往能維持相當的時日。[64]因此，結構藩籬能否繼續維持的關鍵點

University Press), p.149.
[64] Lusian Pye, Asian Power and Politics: Cultural Dimension of Authority

在於社會大眾在持續的改革開放過程中，其「政治文化」是否已經過變遷而可達到不受結構約制的程度，國家若採取類似前述南韓政府的手段，必須面臨被重組的挑戰。

第三節　理論架構與研究方法

一、政權屬性

國家的對於社會控制的強弱，主要取決於其政權的性質。一般而言，民主政權因為要防止獨裁者的出現，所以國家權力經過監督與平衡後是呈現分散的狀態，改變政策的能力是由政府各個競爭的部門共同分享。[65]換言之，民主政權的國家能力因為權力分散的關係，對於社會的控制力自然較弱，各種社會團體也較易利用不同部門間的競爭關係來影響政策。

反之，極權政體或者威權政體，政治權力高度集中於一個黨或少數人手中，由於未建立政權輪替制度，擔心有政治團體利用革命手段奪權，所以對於社會的控制就相當嚴密。根據 Giovanni Sartori 對於政黨及政黨體系的分類，極權式單一政黨體系是無法容忍次級團體自主性的存在，威權式單一政黨體系則僅允許非政治團體的存在。[66]然不論是極權或者威權政體，其共同的特色就是不容許政治團體存在，一旦政治團體出現，只

(Boston: Harvard University Press, 1985), pp.325-329;

[65] Stephan Haggard and Mathew D. McCubbins, ed., Presidents, Parliaments, and Ploicy, (Cambirdge: Cambirdge University Press, 2001), p.2.

[66] Giovanni Sartori, Parties and Party Systems: A Framework for Analysis, (Cambirdge: Cambirdge University Press, 1976), p.227.

要其能力所及，一定會設法加以消滅，使其能繼續維持單一政黨體系，而無需擔心面臨新興政治團體或政黨的挑戰。

　　一九九〇年、一九九一年間前蘇聯加盟共和國、東歐各國，紛紛實施多數政黨理性自由的選舉，從極權政體轉型，[67]並被視為繼第三波民主化之後的第四波政權轉型。[68]然而這第四波政權轉型是同時向民主化及獨裁政權發展，根據 Michael McFaul 的統計，在前蘇聯及東歐的廿九國家當中，真正轉型為民主政權的只有克羅埃西亞等九國，其餘不是權力平衡機制不確定，就是屬於半民主政權，甚至有塔吉克等六國是獨裁政權。[69]由此可知極權體制及威權體制的轉型未必會朝向民主政權而發展。

二、國家能力

（一）國家能力研究途徑之沿革

　　國家的對於社會控制的強弱，除了取決於其政權的性質外，另外就必須取決在政權轉型過程中，其國家能力究竟是弱化或者是強化。國家中心主義論者 Theda Skocpol 在比較俄國、中國及法國革命形成的原因與過程後指出，國家和階級統治出現了政治—軍事危機，才使革命形勢得以形成，如果國家的強制組織依然嚴密有效，在正當性喪失的情況下，國家依然能夠

---

[67] 法蘭西斯‧福山，《歷史之終結與最後一人》，李永熾譯，（台北：時報文化，1993 年），頁 33-34。

[68] Michael McFaul, 2002, "The Fourth Wave of Democracy and Dictatorship," World Politics, No.54 (January), pp.212-44。

[69] Michael McFaul, "The Fourth Wave of Democracy and Dictatorship," p.225-228.

相當穩固，肯定能夠避免國內的民眾暴動。[70]就以中國的例證而言，一九一一年清朝的統治危機出現，使得辛亥革命得以形成；不過一九八九年的經濟性正當性危機出現，卻以血腥鎮壓告終。同樣出現正當性危機，卻有不同的結果，主要是清末的國家能力已無法阻止革命的發生，而一九八九年的中共，其國家對社會控制仍有餘裕，有能力調動軍隊採取強力鎮壓行動所致。中國的例證充分說明國家能力的關鍵性。

　　不僅在中國的例證是如此，在其他國家亦有相類似的情況。Charles G. Gillespie 針對阿根廷、巴西、智利以及烏拉圭等四個國家進行政權轉型的研究，發現經濟危機既不是威權體制崩解的必要條件，也不是充分條件，只是為崩解提供背景狀況。[71]另外，Stephen Haggard 和 Robert R. Kaufman 針對一九七〇至一九九〇年民主轉型的二十七個國家進行研究所得的結論是：嚴重的經濟困難固然在拉丁美洲的轉型及菲律賓馬可仕政權的垮台過程中扮演重要的角色，但是部分軍事政權卻能避免經濟危機或進行成功的經濟調整得以延續威權統治。[72]

　　由此可知，一個政權發生危機不必然會導致國家與社會關係的改變，而是視該政權能否採取有效措施避免危機的衝擊而定，若該政權無法做到，轉型才有可能發生。換言之，當國家

---

[70] Theda Skocpol, States and Social Revolution (Cambirdge: Cambirdge University Press, 1979), pp.17, 33; Theda Skocpol, Social Revolution in the Modern World, (Cambirdge: Cambirdge University Press, 1994), p.7.

[71] Charles G. Gillespie, " Model of Democratic Transition in South American: Negotiated Reform versus Democratic Rupture," in Diane Ethier, ed., Democratic Transition and Consolidation in South Europe, Latin American and Southeast Asia, (London: Macmillan Press Ltd., 1990), pp.61-62.

[72] Stephen Haggard and Robert R. Kaufman, The Political Economy of Democratic Transitions, (Princeton: Princeton University Press, 1995), p.37.

能力仍然掌控社會活動時，國家與社會關係就不易進行根本性的變革。這也可說明國家能力研究途徑在探討國家與社會關係中，具有相當強的理論說服力。

國家能力研究途徑曾經一度被忽略，[73]然在經過一九八五年的「將國家帶進來」（Bringing the State Back in）之後[74]，其功能再漸回到應有被重視的地位，而在亞洲金融危機之後國家能力研究途徑得到進一步的強化。主要是因為金融自由化被許多亞洲國家視為是造成亞洲金融危機的重要原因之一，因此為防止類似金融危機再發生，就必須對流動資金進行管制，管制通常是由國家來執行，使得金融自由化必須由社會來完成的情況被改變。[75]

不僅如此，早在一九七〇年代中期以來，美國、英國、法國、德國及日本等已開發國家因應全球貿易自由化而進行管制改革時，隨之而來的不是全面自由化，而是再管制，例如曾經被視為國家能力弱的英國，都必須設立電信辦公室（Office of Telecommunications）來處理所有自由化所需的新管制作為，其

---

[73] 有關國家能力研究途徑被忽略情形，請參閱 Linda Weiss, The Myth of the Powerless State (Ithaca, New York: Cornell University Press, 1998), p.1.; Joel S. Migdal, State in Society: Studying How States and Societies Transform and Constitute One Another (Cambridge: Cambridge University Press, 2001), pp.58-59.

[74] Peter Evans, et. al., Bringing the State Back in, （New York: Cambridge University Press, 1985）

[75] 有關國家應加強對資金管制以避免危機，請參閱 Stephan Haggard, The Political Economy of the Asian Financial Crisis, (Washington D.C.: Institute for Inernational Economics, 2000), pp.13-14; Yeon-ho Lee, "The Failure of the Weak State in Economic Liberalization: Liberalization, Democratization and the Financial Crisis in South Korea," The Pacific Review, Vol.13, No.1 (2000), pp.115-131.

他國家能力較強的法國、德國加強管制就更是理所當然。[76]換言之，即使在全球化、自由化日益盛行之際，曾經一度被視為即將終結的民族國家，[77]並未真的終結，仍能透過再管制機制維持其應有的生機與活力，這也是本文以國家能力研究途徑作為理論架構的根本原因。

（二）國家能力強弱之指標

國家能力強與弱的區別在於其對社會控制的強與弱，國家能力展現的指標，依據 Joel S. Migdal 的說法主要有三項，分別為順服（compliance）、參與（participation）及正當性（legitimacy），即社會人眾對國家要求的配合度愈高、被國家動員的程度愈高，對於國家法令的接受程度愈高，則國家能力就愈強，反之則愈弱。[78]另外 Gabriel Almond 和 Bingham Powell 則從汲取力、管制力、分配力、象徵力及回應力等五個面向，來說明國家能力的功能。[79]

儘管 Joel S. Migdal 及 Gabriel Almond 和 Bingham Powell 是分別從社會及國家的不同角度，來詮釋國家能力的強弱，但

---

[76] 英國被視為國家能力最有限的國家，請參閱 Bertrand Badie and Pierre Birnbaum, The Sociology of the State (Chicago: The University of Chicago Press, 1983)；有關管制改革請參閱 Steven K. Vogel, Freeer Market, More Rules: Regulatory Reform in Advanced Industrial Countries (Ithaca, New York: Cornell University Press, 1996), pp.16-24,260.

[77] Kenichi Ohmae, The End of the Nation State: The Rise of Regional Economies (New York: The Free Press, 1995).

[78] Joel S. Migdal, State in Society: Studying How States and Societies Transform and Constitute One Another (Cambridge: Cambridge University Pressp, 2001), p.52

[79] Gabriel Almond and Bingham Powell, Compatative Politics: A Developmental Approach, (Boston: Little, Brown, 1966), pp.194-203.

表格 1-2：國家能力強弱之指標

| 國家能力 | 強 | 1. 汲取力、管制力、分配力、象徵力及回應力等能力強。
2. 社會大眾對國家要求的配合度高、被國家動員的程度高，對於國家法令的接受程度高。 |
| | 弱 | 1. 汲取力、管制力、分配力、象徵力及回應力等能力弱。
2. 社會大眾對國家要求的配合度低、被國家動員的程度低，對於國家法令的接受程度低。 |

是對於本文所欲探討國家能力的強弱均有助益。若我們從社會的角度出發，來探討國家能力的強弱，Joel S. Migdal 所提出的指標就特別有用，即社會大眾對國家要求的配合度愈高、被國家動員的程度愈高，對於國家法令的接受程度愈高，國家能力就愈強，其實任一社會中，只要三項中有二項符合要件，國家能力相對於社會即可視為強的。

相對地，我們若從國家的角度出發，Gabriel Almond 和 Bingham Powell 所提出之當國家對社會之汲取力、管制力、分配力、象徵力及回應力等能力強，則國家能力強，反之則為弱之分析，對理解國家能力強弱亦有相當的理論說服力。在任一國家中，若其五項能力中的三項強，則國家能力應可歸類為強。

不過，國家能力若無社會各種力量的挑戰，又如何能確定其強弱呢？按照 Theda Skocpol 的說法，若強制組織依然嚴密有效，在正當性喪失的情況下，國家依然能夠相當穩固。只是 Theda Skocpol 沒有告訴我們國家組織如何能夠持續嚴密有效，如果一直有效的話，照理說革命不會發生，或者說政權重組不會發生。可是蘇聯東歐的民主化還是發生了，蘇聯東歐政權的重組，究竟是國家能力的衰弱，還是因為社會力量強到國家無法控制的

地步？我們若以國家強弱與社會強弱來配對，則有以下四種組合：[80]

表格 1-3：國家與社會強弱的四種組合

		社會	
		強	弱
國家	強	1. 國家與社會均試圖主導但維持均勢	2. 國家主導社會發展
	弱	3. 社會主導國家向民主轉型	4. 國家與社會均無力主導故維持均勢

　　Skocpol 所描述的應是屬於上表的第一及第二種類型。目前大陸是處於第二種類型，許多中國大陸學者希望看到的是中國大陸朝向強國家與強社會發展，[81]我們更關心的是第三種類型何時會發生。為了理解第三種現象的發生，我們以政治文化的途徑來補足可能解釋的不足。

---

[80] 國家與社會強弱標準的判定是借用 Stephen D. Krasner 的用法，弱國家、強社會代表國家完全被壓力團體所滲透，強國家、弱社會則是有能力重塑社會與文化，即改變經濟制度、價值及私人團體之間的互動關係等，當然國家可能在某些領域較強，在其他領域可能較弱，而非一成不變。請參閱 Stephen D. Krasner, Defending the National Interest: Raw Materials Investments and U.S. Foreign Policy, (Princeton, New Jersey: Princeton University Press, 1978), pp.55-60.

[81] 孫曉莉，《中國現代化進程中的國家與社會》，頁 4；王穎，〈市民自治與社區管理方式的變革〉，俞可平編，《中國公民社會的興起與治理的變遷》，（北京：社會科學文獻出版社，2002），頁 123。

三、政治文化

（一）政治文化在國家與社會關係中的作用

　　政治文化是社會大眾特定的政治取向，[82]所以政治文化無疑是觀察國家與社會關係的重要切入點，譬如 Patrick Heller 以印度 Kerala 省為案例，探討國家與社會關係時，就說明該省具有積極性公民參與，使得該社會具有強社會的特性。[83]又 Elinor Ostrom 在探討巴西與奈及利亞之國家與社會關係時，以及 Jonathan Fox 在探討墨西哥的國家與社會關係時，均將公民參與或社會建構的集體認同與價值列為重要之觀察面向。[84]依據 Gabriel A.Almond 和 Sidney Verba 的說法，[85]政治文化共有地域

---

[82] 馬慶鈺在綜合借鑑大陸及國際關於政治文化觀點之基礎上，認為政治文化是人們的政治態度和政治價值取向，請參閱馬慶鈺《告別西西弗斯——中國政治文化分析與展望》，（北京：中國社會科學出版社，2002），頁 9-21。

[83] Patrick Heller, "Social Capital, Class Mobilization, and State Intervention,"Peter Evans, ed., State-Society Synergy: Government and Social Capital in Development (San Francisco: Unviersity of California at Berkeley, 1997), pp.48-58.

[84] Elinor Ostrom, "Crossing the Great Divide: Coproduction, Synergy, and Development," Peter Evans, ed., State-Society Synergy: Government and Social Capital in Development (San Francisco: Unviersity of California at Berkeley, 1997), pp.85-118; Jonathan Fox, "How Does Civil Society Thicken? The Political Construction of Social Capital in Rural Mexico," Peter Evans, ed., State-Society Synergy: Government and Social Capital in Development (San Francisco: Unviersity of California at Berkeley, 1997), pp.119-149.

[85] 兩位作者於一九六三年出版「公民文化」（civic culture），該書曾於一九八九年修訂，本文參考的是一九八九年的修訂版（1996 年的中譯本）。Almond 和 Verba 在該書中雖然主要是以探討政治文化與民主政體的關係為主，但亦涉及民主化的問題，例如在第一章作者就提及「當我們估計在西德、義大利，或者非西方世界開發中地區民主的展望（民主化）時，試圖從英國和美國的歷史引出一些『經驗教訓』」、「這種分析（現代化指數與民主化指數的相關性），不僅忽略民主化的心理基礎，它也不能解釋

型（parochial）、臣屬型（subject）及參與型（participant）三種類型，其特點分別為：不期望從政治體系中得到什麼、被動接受政治體系的輸出、對政治體系採取贊成或不贊成的態度，三種類型在某個政治體中呈現交織的現象。[86]

依照上述政治文化的分類，前兩種類型對於政治體系的回應是屬於被動與消極的，很顯然比較不利於政權體系的改變，參與型相對而言，較易促使威權政體向民主政體轉型。Putnam的研究告訴我們，政治領袖在參與型政治文化較強的地區比較有妥協的準備。[87]政治領袖有妥協準備，當然就不會輕易採取鎮壓手段，對政權體系的轉變有一定的幫助。

當然，探討政治文化與民主化之間的關係不是完全沒有爭論，Lucian Pye 與 Juan J. Linz 對於政治文化與民主化的關係就有不同的解讀，前者指出亞洲國家對於父權權威具有強烈依賴感的政治文化，使得各國的威權政體往往能維持相當的時日；而後者認為台灣與南韓的民主政治使得文化論者的觀點出現問題。[88]另外，政治文化不證自明的特性，以及政治文化究竟是民主化的原因或結果，也曾引起不少疑問。[89]

各種重要的例外情況」。請參閱阿爾蒙德與維巴（Gabriel A.Almond and Sidney Verba），《公民文化》（Civic Culture），張明澍譯，（台北：五南出版社，1996 年），頁 8-9。

[86] 阿爾蒙德與維巴（Gabriel A.Almond and Sidney Verba），前引書，頁 11-12,16-18.

[87] Robert D. Putnam, Making Democracy Work: Civic Traditions in Modern Italy (Princeton, N.J. : Princeton University Press,1993), pp.83-120

[88] Lusian Pye, Asian Power and Politics: Cultural Dimension of Authority, pp.325-329; Juan J. Linz, Totalitarian and Authoritarian Regimes (Boulder, Colorado: Lynne Reimmer Publishers, Inc., 2000), p.18.

[89] 此為 Potter 所提出的疑問，請參閱 David Potter, "Explaining Democratization,"in David Potter et al. ed. Democratization. (Cambridge:

（二）政治文化的變遷

上述爭論之所以會出現，主要是因為忽略不同類型政治文化之間具有相互交織及變遷的可能性。[90]Pye 所剖析的亞洲政治文化應是屬於未變遷前之地域型、臣屬型，Linz 則是以變遷後屬於參與型的政治文化，反推文化論的缺失。實際上，以台灣與南韓的政治文化發展為例，有學者就曾以調查研究的方式，發現一九七〇年代與一九八〇年代兩地民眾的政治文化有明顯的不同。[91]政治文化的變遷可解釋為何同一地區的政治文化，在不同的時期，在促進國家與社會關係變遷產生截然不同的作用，亦為政治文化在某些情況下可以有利於民主化，提出補充解釋。

以制度作為政治文化的載體來說明政治文化對促進國家與社會關係的作用，有助於解答政治文化不證自明的難題。例如，Lipset 分析文化因素在民主化過程中的作用時指出，前英國殖民地相較於其他國家殖民地易出現民主化，是因為在統治的過程

Polity Press, 1997), pp.1-40, pp.28-29 另外，Stephen Manning 也認為文化解釋的主要問題是其為循環論證，如果相似的政治文化在不同地區呈現極大的政治差異；不同的政治文化卻又能同樣地產生民主政權，政治文化就不能被視為是有解釋力的變數。請參閱 Stephen Manning, "Social and Cultural Prerequisites of Democratization: Generalizing from China", Edward Friedman, ed., The Politics of Democratization: Generalizing East Asian Experience, （Boulder, Colorado: Westview Press, 1984）, pp.232-248.

[90] Terry Lynn Karl 就曾以天主教義曾違背民主運作、後又在反對威權主義方面扮演積極角色，說明文化系統的變遷性，請參閱 Terry Lynn Karl, "Dilemmas of Democratisation in Latin America," Comparative Politics, Vol.23, No.1 (1990), p.4.

[91] 南韓與台灣政治文化變遷請參閱倪炎元，《東亞威權政策之轉型：比較台灣與南韓的民主化歷程》，（台北：月旦出版社，1995 年），頁 26-29。

中提供當地居民選舉代表及參與公共事務的體系。[92]台灣早自一
九五〇年代開始所實施的民意代表選舉之制度，亦是改變政治
文化，進而促成民主化之重要因素。[93]所以，當我們在探討政治
文化對轉變國家與社會關係的作用時，就必須先瞭解其究竟屬
於何種類型，以及其載體　制度是否已具備改變國家與社會關
係的條件。

政治文化研究途徑因為受到理性選擇的影響，自一九六〇
至一九八〇年代初中期，被運用在社會科學研究方面可謂少之
又少，直至一九八〇年代後期才逐漸恢復其作為一種研究途徑
的地位。[94]即使被視為是探討組織與環境關係之主導性理論的新
制度主義，[95]在出現理論適用性的限制之後，[96]關乎政治文化的
理念（ideas）就成為補救新制度主義適用性限制的替代角色。[97]

---

[92] Lipset et al., op. cit., pp.168-169

[93] 台灣透過選舉而擴大民眾政治參與，進而改變政治價值的過程，請參閱吳
文程，《台灣的民主轉型：從權威型的黨國體系到競爭性的政黨體系》，
（台北：時英出版社，1996），頁123-126。

[94] Ronald Inglehart, "The Renaissance of Political Culture," American Political
Science Review, 82, 4 (December, 1988), pp.1203-1230; Harry Eckstein, "A
Culturalist Theory of Political Change," American Political Science Review,
Vol.82, No.4 (December, 1988), pp.789-804.

[95] 此乃借用 Mattew S. Kraats and Edward J. Zajac 的說法，請參閱 Mattew S.
Kraats and Edward J. Zajac, " Exploring the Limits of the New Institutionalism:
The Cause and Consequences of Illegitimate Organizational Change",
American Sociological Review, No.61 (October, 1996), p.812.

[96] 新制度主義理論的限制，請參閱 Mattew S. Kraats and Edward J. Zajac,
" Exploring the Limits of the New Institutionalism: The Cause and
Consequences of Illegitimate Organizational Change", pp.812-836; Robert C.
Lieberman, "Ideas, Institutions, and Political Order: Explaining Political
Change", American Political Science Review,Vol.96, No.4 (December 2002),
pp.697-712.

[97] 理念與新制度主義的互補關係，請參閱 John Campell, "Institutional Analysis
and the Role of Ideas in Political Economy", Theory and Society, No.27 (June

特別是在探討制度變遷時，政治文化模式就經常被視為關鍵性的因素。例如，Michael McFaul 指出議程的廣度及對權力平衡的認知是影響俄羅斯政治制度變遷兩項主要變數。[98]然而，不論是涉及議程的廣度或者是對於權力的認知，都與政治態度有關，亦即視為政治文化的一部分。由此可知，政治文化模式適於作為解釋國家與社會關係變遷的研究途徑，此乃本文採用政治文化研究途徑的根本原因所在。

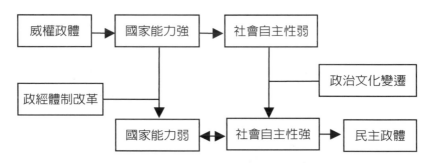

圖 1-1：國家與社會關係變遷之理論架構圖

　　經由以上的討論，本文將理論架構描繪如圖 1-1。圖 1-1 的右上半部是本文探討中國大陸國家與社會變遷的主要理論架構，至於左下半部則是現代化理論或公民社會理論所運用的理論架構，至於該理論架構在中國大陸的運用情形，本文將在第二章詳述。

1998), pp.377-409; Robert C. Lieberman, "Ideas, Institutions, and Political Order: Explaining Political Change", pp.698-700.

[98] Michael McFaul, "Lessons from Russian's Protracted Transition from Communist Rule", Political Science Quarterly, Vol.114, No.1 (1999), pp.103-130.

四、研究方法與範圍

（一）研究方法

　　本文所涉及國家與社會關係的範圍是屬於宏觀與微觀層面，與目前西方學者比較著重微觀層面—地方政府與企業經營者之間的關係有所不同。也正因為本文同時著重宏觀、微觀層面問題的解析，故所採取的研究方法主要有兩部分，一部分是比較分析為主，另外一部分為田野調查。比較研究又可區分為兩方面，一方面透過中國大陸出版各項法規之比較分析，來觀察國家是如何透過法律及行政手段，向社會滲透其應有之影響力，藉以研判國家與社會關係結構上的可能變化。以本文探討的對象社會團體為例，本文將針對中國大陸分別在一九八九年及一九九八年兩次頒布的「社會團體管理登記條例」等相關法規進行比較，並且與台灣相類似的法規來進行比較，以發現其的異同與意涵。此為比較研究的縱切面。

　　另外一方面則是比較研究的橫切面，即藉由針對與中國大陸同性質國家，如前俄羅斯、東歐國家的不同政治、社會制度與中國大陸的案例進行比較研究，以歸納出不同國家在共性之外所展現的差異性。不過，本文不會全面比較中國大陸與俄羅斯、東歐國家之國家與社會關係的轉變，而是在論述過程中，以俄羅斯、東歐部分國家之國家與社會關係的轉變作為參考體，俾利深入瞭解中國大陸國家與社會關係的變化，尤其是冷戰結束以來的變化，作為觀察俄羅斯、東歐國家的今天會否成為中國大陸的明天之基礎。

　　研究方法的另外一部分則是針對具有代表社會力量發展的特定社會團體，進行田野調查。田野調查晚近已成為中國大陸研究方法的主流研究方法，不論是蘇南模式[99]、溫州模式[100]，所採用之研究方法均為田野調查。本文為了瞭解目前大陸社會實際運作情形，是否有超越政府的法律規範，特別赴北京及上海針對性質相近的社團進行訪談，並藉由訪談結果之比對，來發現同樣性質的社團除了相同的功能以外，是否有其他因為區域不同而有所差異。當然除了田野調查外，以分析現有文獻及中國大陸公布的法令與政策，作為理解改革開放後國家社會關係變遷，亦可補足田野調查資料不足的部分。

（二）研究範圍

　　為了瞭解中國大陸政府在管理社團除了法律運作後的實際狀況，本文特別設計相關問題，以便藉由對社會團體幹部的訪談，瞭解社會團體的實際運作狀況，是否有溢出法律的規範之外。訪談問題主要有八題（詳見附錄），區分為二大部分，第一部分的四題主要是針對協會本身的運作，包括經費取得、會員招募情況、日常工作運作狀況，以及會員與社會團體之間的互動關係。藉此瞭解社會團體的運作是否符合當初設立的目標，會務運作會更加順暢，還是會遭遇到困難，使運作面臨困境。

　　第二部分的四個問題則主要是要瞭解社會團體與國家之間的關係，包括國家法令是否對其運作形成困擾、社會團體與上

[99] 方孝謙，〈蘇南溫州產權模式中的主要變項〉，《中國大陸研究》，Vol.45,No.4（July/August 2002），頁 1-14」。
[100] Yia-ling Liu, "Reform from Below: The Private Economy and Local Politics in the Rural Industrialization of Wenshou", The China Quarterly, No.130 (June 1992), pp.293-316.; Kristen Parris, "Local Initiative and Natioal Reform: The Wenzhou Model of Development", The China Quarterly, No.134 (June 1993), pp.242-263.

級機構之間的互動關係、是否具有政策諮詢的功能、上級是否一起參與議題討論等。藉此觀察國家除了對其進行法律規範外，是透過何種途徑來影響社會團體的實際運作，社會團體的自主性，在與國家的互動過程是否得到進一步加強，還是維持不變，未來有沒有改變的可能性。

　　至於訪談的對象，與官方關係極為密切人民團體或社會團體將予以排除，因為該類團體原本就屬於國家的一部分。根據中國大陸民政部《社會團體登記管理條例》的規定，參加中國人民政治協商會議的人民團體；由國務院機構編制管理機關核定，並經國務院批准免於登記的團體；或機關、團體、企業事業單位內部經本單位批准成立、在本單位內部活動的團體。其中較明顯的有八個，分別為中國共產黨主義青年團、中華全國總工會、中華全國婦女聯合會、中華青年聯合會、中華全國工商聯合會、中國科技協會、中華全國歸國華僑聯合會及中華全國台灣同胞聯誼會。[101]

　　上述團體之所以無需登記，主要是該等團體將其本身定位為黨和政府聯繫某些人民群眾的橋樑和紐帶，是中國共產黨某部分工作的助手，在工作關係上直接對中共中央書記處負責，因此可以說是黨的群眾工作部門。也正因為他們扮演群眾工作部門的角色，使其註定無法像其他社會團體一樣走上完全民間化的道路，組織變革因此就缺乏自主決定權。[102]所以本文就無需將此類社團列為可能訪談的對象之一，因為若如此將無法有效反映社會團體與國家之間的關係的變化，而將針對訪談屬性較偏向民間的社會團體。

---

[101] 王名等著，《中國社團改革：從政府選擇到社會選擇》，頁167-170。
[102] 同上註，頁171-172。

　　被許多學者視為是較具有自主性之社團，[103]再加上自下而上形成的組織，組織規模不大，影響力較小，對其作調查研究，恐不具代表性。[104]儘管私營企業協會，個體勞動者協會及各種行業協會，係具有官民二重性的社團，且與大部分的社會團體一樣，行業協會在政府的陰影之下，作用十分有限，[105]但是該等社會團體基本上比較活躍。[106]因此，本文一方面借助現有資料，對浙江及廣東省之行業協會進行比較分析，另一方面針對相對較有限之個體勞動者協會及私營企業協會進行調查研究。為了在比較上可以涵蓋地域的差異，本文選擇一南一北的社會團體進行訪談，最後並將訪談結果與上述行業協會之案例進行分析比較，以設法發現國家與社會團體之間的關係變化。

---

[103] 請參見 Richard Baum and Alexei Shevchenko, "The State of the State",p.348; David L. Wank, " Private Business, Bureaucracy, and Political Alliance in a Chinese City," pp.55-71; Jonathan Unger, "Bridges: Private Business, the Chinese Government and the Rise of New Association", pp.795-819; Christopher Earle Nevitt, "Private Business Associations in China: Evidence of Civil Society or Local State Power?", pp.26-43. Kenneth W. Foster, "Embedded Within State Agencies: Business Association in Yantai," The China Journal, No.47 (January 2002), pp.41-65.

[104] 孫炳耀，〈中國社會團體官民二重性問題〉，《中國社會科學季刊》，1994年春季號，頁 18。

[105] 王穎、孫炳耀，〈中國民間組織發展概況〉，俞可平編《中國公民社會的興起與治理的變遷》，（北京：社會科學文獻出版社，2002 年），頁 8；另外，孫炳耀在亦探討行業協會發展時亦指出，絕大多數行業協會都與政府有密切關係，具有較強的官辦性，在行使職權上受到政府一定程度的支配，請參閱孫炳耀，〈行業組織與經濟領域中的民間治理〉，俞可平編《中國公民社會的興起與治理的變遷》，（北京：社會科學文獻出版社，2002年），頁 148。

[106] 華監武著，《社團革命：中國社團發展的經濟學分析》，頁 63-64。

第四節　研究架構與章節安排

　　本文的研究架構是以中國大陸政權屬性、國家能力及政治文化的基礎上，觀察中國大陸社會在經歷二十餘年的改革開放後是否發展出足以與國家權力相抗衡的變遷。若政權仍停留控制社會的威權屬性，而其國家能力亦能同時完成政權屬性欲控制社會的目標，加以社會大眾的政治文化未發生重大變遷，則改革開放以來所呈現的社會自主性，充其量為鑲嵌於國家權力下的社會自主性，對於改變國家與社會關係的結構並無太大幫助（見圖 1-2）。當然，依據本文的假設，政治文化變遷有可能改變政權屬性與國家能力的強弱，進而也就對國家與社會關係演變造成影響。

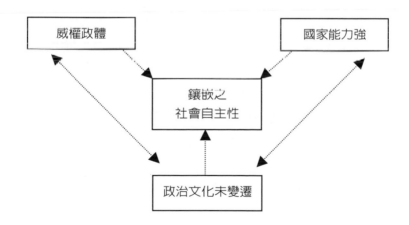

圖 1-2：本文的研究架構圖

　　根據上述架構，本文的章節安排分為六章，第一章為緒論，說明為何觸及本文的問題，並在文獻回顧的基礎上，揭示本文與前述文獻不同的觀點，以及提出本文的理論架構、研究方法與研究架構，作為展開研究之基礎。第二章則針對中國大陸國家主導社會自主性進行理論分析，內容包含中國大陸國家能力與社會自主性的關係，以及政治文化在國家能力與社會自主性之間可能產生的作用，並且說明為何本文要以社團自主性作為社會自主性之代表，來解釋其與國家之間的關係。第二章關於中國大陸政權屬性的部分，因為在第一章已有詳細說明，故在第二章不再重複論述。

　　第三章將首先介紹改革開放以來至一九八九年期間，中國大陸社團發展之情況。其次，將針對大陸一九八九年新的社團登記管理條例等一系列關於社團管理的規定進行探討，來觀察中國大陸國家對於社團管理究竟是採取何種政策，社會團體具有相當的自主性，或者只是政府部門的派出機關，被賦予協助處理國家不想解決，或者暫時無法解決的問題，各項法規之章節內容、特點及可能的意涵與影響。

　　第四章則著重介紹現有中國大陸研究社團組織發展之現況，以瞭解在現有社團組織與國家究竟是處於何種關係。第五章則分別就北京個體私營企業協會及上海個體勞動者協會之訪談資料進行比對分析，透過組織架構與功能、實際運作狀況等面向，探討國家及社會關係在改革開放二十餘年後，究竟實質性的改變有多少，若有改變是暫時性改變，或已形成制度性的變化。

　　第六章則為本文的結論與未來研究方向，其中未來研究方向包括社會團體自主性的可能發展、社會抗議事件與國家及社

會關係及環保團體對國家與社會關係變遷可能的作用，係在本
文研究所獲致的初步結論上發現，該等議題對於國家社會關係
的影響雖然不明顯，但已有跡象顯示未來可能會產生影響，是
以該等議題在未來一段時間內，有繼續深入研究之必要。

第二章 國家主導社會自主性的理論分析

第一節 國家與社會自主性關係現狀與發展

一、中國大陸政權屬性分析

目前，中國大陸是世界上少數僅存極權或威權政體的國家之一，瞭解其政權屬性，將有助於使吾人瞭解其政體在改革開放的二十餘年過程中，究竟改變多少，未來經由漸變進而使得國家與社會關係進入一個新的領域的可能性有多高？多快？

Linz 和 Stepan 為了說明威權政體與極權政體在民主化之後的政治發展異同，將原本作為威權主義次類型——後極權威權政體（post-tatalitarian authoritarian regimes），單獨提列作為一種理念型——後極權政體（post-tatalitarian regimes）以示區別。[1] 換言之，威權政體在經歷民主化後則為後威權政體，極權政體在經歷民主化之後就成為後極權政體，而中國大陸則被 Linz 歸類為後極權政體。[2]

極權政體經歷民主化之後自然就是後極權政體，Linz 把俄羅斯及東歐國家歸類為後極權政體自然不成問題，但是將中國

---

[1] Juan J. Linz, and Alfred Stepan. Problems of Democratic Transition and Consolidation: South Europe, South America, and Post-Communist Europe (Baltimore: Johns Hopkins University Press, 1996), p. 41

[2] Juan J. Linz,.. Totalitarian and Authoritarian Regime (Boulder, Colorado: Lynne Rienner Publishers, Inc. 2000), p.35

大陸歸為後極權政體就會有爭議，中國大陸由於未經過民主化
的過程，其政體與俄羅斯及東歐明顯不同，再加上現在不把中
國大陸視為極權政體已是學界的共識。[3]因此，將中國大陸劃歸
為後極權威權政權仍較適當，或者借用 Diamond 的說法，將之
稱為政治封閉型的威權政體（politically closed authoritarian）。[4]
當然亦有學者認為，真正具代表性的用法是退化的極權政體，
即組織上仍保有極權主義的重要本質——基於某種意識形態的
專制統治，但在運作上卻呈現出相當多威權主義的性質—有限
度的經濟、社會和制度的多元性。[5]

　　不論我們是用後極權威權政權、政治封閉型的威權政體，
或者是退化的極權政體、國家威權政權[6]，來描述中國大陸政權
的屬性，可以肯定的是它確實已逐漸脫離極權政體的屬性，而
逐步向威權政體的道路上邁進，只是這整個過程尚未完成，因
此尚殘餘用意識形態作為增加治理能力的一種方法，從江澤民
時代的「三講」、「三個代表」，到胡錦濤的「保持黨員先進
性教育」等均可視為此種方式的展現。至於該政權是否有效控
制社會，就與國家能力有非常大的關係。

---

[3] 趙建民，《威權政治》，（台北：幼獅出版社，1994 年），頁 19-209；李
英明，《中國大陸學》，（台北：揚智出版社，1995 年），頁 22。

[4] Larry Diamond, "Thinking about Hybrid Regimes". Journal of Democracy,
Vol.13, No.2 (April 2002), p.33

[5] 林佳龍等，《退化的極權主義》，（台北：時報文化，2003 年），頁 13-19。

[6] 此為 Harvey Nelsen 的用法，意指經濟上市場化，但政治上仍維持列寧式
的一黨專政型態，請參閱 Harvey Nelsen, "The Future of the Chinese State,"
David Shambaugh, ed., The Modern Chinese State, (Cambridge: Cambridge
University Press, 2000), p.217.

二、國家能力的強弱變化

（一）國家能力的變化

　　儘管經濟二十餘年的改革開放，中國大陸仍被定位為威權式的列寧政權幾乎是大部分學者的共識。[7]基於上述原因，國家能力研究途徑在探討國家與社會關係中就顯得格外重要，因為當外在結構仍然十分穩固的時候，結構內活動範圍的大小就取決國家能力的強弱，國家能力強則結構的範圍就較小，社會自主性就愈低；反之結構的範圍愈大，社會自主性就愈高。目前中國大陸的國家能力究竟是強或弱呢？

　　如前所述，國家能力可從汲取力、管制力、分配力、象徵力及回應力等五個面向來觀察，其中汲取力又被視為是最重要的。[8]若是財政汲取力降低，連帶地會影響管制力、分配力及回應力的發揮，因為中央財政能力不足就無法做好對地方政府之管制，也無能力進行重分配，對於地方的需求當然也就無法回應，同樣地地方政府若汲取能力不足，在面對社會團體時將面臨同樣的問題，長此以往將使國家象徵力受到影響，因為國家所能做的非常有限，自然不存在象徵意義。

---

[7]　Barrett L. McCormick, Political Reform in Post-Mao China: Democracy and Bureaucracy in a Leninist State, (Berkeley and Los Angeles: University of California Press, 1990), pp.60-94 ;Barrett L. McCormick, "China's Leninist Parliament and Public Sphere: A Comparative Analysis," Barrett L. McCormick and Jonathan Unger, ed., China after Socialism: In the Footsteps of Eastern Europe or East Asia? (Armonk, New York: M. E. Sharpe, Inc. 1996), pp.29-53.; Larry Diamond, "Thinking about Hybrid Regimes". Journal of Democracy, Vol.13, No.2 (April 2002), p.33; Bruce J. Dickson, Red Capitalists in China, pp.7-10.

[8]　王紹光、胡鞍鋼，《中國國家能力報告》，（遼寧人民出版社，1993年），頁6。

　　中國大陸國家能力中的汲取力、管制力,甚至分配力很明顯地在改革開放的過程中減弱,似已成為學界的共識,例如Andrew G. Walder 就指出共產政權之黨國階層制,使得低階官員必須仰賴高階官員的分配,然而改革開放後低階官員擁有更多支配企業的權力、有新的歲入來源以及有新的個人收入,使得低階仰賴高階分配的需求變低。[9]關於汲取力的減弱,又以王紹光、胡鞍鋼在「中國國家能力報告」乙書中表達得最為突出,他們指出財政收入佔 GNP 的比重不斷下降,一九九二年為14.7%,二〇〇〇年將降至11.3%,財政能力降至最低點,已陷於弱中央的境地。[10]王紹光並表示此種趨勢在中國大陸加入WTO 之後,情況更為嚴重。[11]姑且不論財政汲取能力佔 GNP的比重降低,是否如王、胡兩位所估算的那般嚴重,若降低依照王、胡兩位作者的估算,中國大陸的中央政府理應在推動政務上已出現許多困難,可是當我們檢視「三講」、「三個代表」在中央政府一聲令下的推動,過程依然順利,地方政府並未因此而不履行中央政府所交付的任務。

(二)變化之背景分析

　　實際的情況是作者將問題的嚴重性予以誇大,以喚起中央政府注意可能出現的危機,若不強調其嚴重性,中央政府可能

9　Andrew G. Walder, " The Quiet Revolution from Within: Economic Reform as a Source of Political Decline", in Andrew G. Walder (ed.), The Waning of the Communist State: Economic Origins of Political Decline in China and Hungary, (Berkeley and Los Angeles: University of California Press, 1995), pp.12-14.

10　王紹光、胡鞍鋼,前引書,頁 44-45。

11　Shaoguang Wang, "The Social and Political Implications of China's WTO Membership," Journal of Contemporary China, Vol.9, No.25 (2000), pp.376-378

不會將其列為施政優先項目來處理。[12]另外亦有證據顯示，中央
財政汲取能力的降低有被嚴重化的嫌疑，例如孫立平就指出：
「國家的意志在農村仍然基本得到貫徹執行」，而其具體的表
現在於「該徵的糧食基本都徵上來了，該收的錢基本都收了，
控制生育的目標也基本達到了」。[13]由此可知，在改革開放過程
中，尤其是九〇年代以來，國家在經濟及社會的領域退出，固
然造就某部分的社會自主空間，也使得組織結構的軟化與渙散
成為一個相當普遍而嚴重的事實，[14]然而國家能力並未衰退的太
快，國家的意志基本仍能有效貫徹。

　　不僅如此，更有學者如 Joseph Fewsmith 指出，中國大陸的
國家能力實際上還有增強的跡象，他表示退休系統的制度化、
年輕且受過良好教育幹部的甄補、中央政府監控地方政府的程
序，均說明中國大陸官僚結構的理性化，這樣的結果就增加技
術官僚的重要性，而降低個人關係的作用。[15]儘管 Fewsmith 後
來亦認為中國大陸的官僚系統距離韋伯理念型官僚體系尚遠，
國家能力亦可能因此弱化。[16]不過很明顯地我們可以從此看出，

---

[12]　此乃個人與著者訪談所獲資訊。

[13]　孫立平，〈實踐社會學與市場轉型過程分析〉，《中國社會科學》，第五
　　期（2002），頁 92-93。

[14]　此乃借用孫立平的說法，孫立平，〈實踐社會學與市場轉型過程分析〉，
　　前引書，頁 93。

[15]　Joseph Fewsmith, "Elite Politics", in Merle Goldman and Roderick
　　Macfarquhar, ed., The Paradox of China's Post-Mao Reforms. (Cambridge,
　　Massachusetts: Harvard University Press, 1998), p.67.此種觀點亦見於 Lowell
　　Dittmer 與楊大利之研究，請參見 Lowell Dittmer, "Leadership Change and
　　Chinese Political Development", The China Quarterly, No.176 (December
　　2003),pp.903-925; Dali L. Yang, "State Capacity on the Rebound", Journal of
　　Democracy, Vol.14, No.1 (January 2003), pp.43-50.

[16]　Joseph Fewsmith, "Elite Politics", p.68.

中國大陸的國家能力儘管可能在衰退當中，不過在某些部分仍然維持強而有力的狀態。另外，即使 Dawn Elinwalter 曾以學徐紅剛運動（徐氏曾空手勇鬥持械公車歹徒）必須加入其他諸如普世人文精神，而非僅以毛氏的犧牲奉獻作為宣傳內涵，來說明中國國家能力的有限性，亦必須承認國家利用公共秩序的危機，來強化其對城市（公共）空間的管制。[17]

最後，Jean-Louis Rocca 研究中國大陸國家與社會關係的結論，勘稱符合當前的情況，最值得我們注意。Rocca 指出，中國大陸國家角色的演進，無法用國家能力在衰退或用強國家、弱國家的詞彙來描述，社會力量的興起，並不代表國家能力的衰退；中國大陸的國家能力在滲透社會、規範社會的關係、汲取資源、以決定性方式取得與使用資源方面，比起完全社會主義時期，當然有所降低，但是當國家在面對較少反抗的社會組織時，顯得比以前更強而有力。[18]Rocca 的研究可說為我們對中國大陸國家能力的描述，下了最有利的註腳。

三、社會自主性的發展

（一）社會自主性與社團自主性

本文雖然以社會自主性作為主要分析對象，但基於以下理由，我們必須借用社團自主性來代替社會自主性：一是因為社

---

[17] Dawn Elinwalter, "The Limits of the Chinese State: Public Morality and the Xu Honggang Campaign," Suisheng Zhao, ed., China and Democracy (New York: Routledge, 2000), pp.173-186.

[18] Jean-Louis Rocca, "The Rise of the Social and the Chinese State," China Information, Vol.XVII,No.1 (2003), pp.1-27.

會是統稱，它是具有相互聯繫關係的共同體，[19]因此必須藉由其中組成部分來加以說明其是否具備有自主性，就如同國家是政治組織單位的統稱，[20]有時必須借用其組成部分來說明其特性一般；二是研究國家與社會關係之學者，經常以社團或組織代替社會來說明其與國家之間的關係。

例如 Sarah E. Mendelson and John K. Glenn 在討論國家與社會關係時，就將社會視為是在國家控制之外而倡導公共利益的組織，該組織並在代表公共目標的情況下影響國家決策。[21] Jonathan Fox 在探討墨西哥的國家與社會關係時，特別凸顯組織的重要性，組織的努力可以創造機會使其他行為者，得以參與自主性的集體行動。[22]基於以上的分析，我們以社團自主性來代替社會自主性，應是合理的選擇。

（二）社團自主性之發展

隨著國家從經濟及社會領域的逐步退卻，社會團體的自主性日益增加，這似乎已成為學界的共識，王穎等就指出近十年中，中國已經湧現大量新興的社團組織，活躍在政治、經濟和

---

[19] 胡俊，〈構築國家與社會的良性關係〉，《當代中國研究》，2005 年 1 期，頁 65-74。

[20] 同上註。

[21] Sarah E. Mendelson and John K. Glenn, "Transnational Networks and NGOs in Postcommunist Societies," Sarah E. Mendelson and John K. Glenn, ed., The Power and Limits of NGOs, (New York: Columbia University Press, 2002), p.6.

[22] Jonathan Fox, "How Does Civil Society Thicken? The Political Construction of Social Capital in Rural Mexico," Peter Evans, ed., State-Society Synergy: Government and Social Capital in Development, (San Francisco: Unviersity of California at Berkeley, 1997), pp.123-124.

社會生活的各個領域；[23]另外，鄧正來亦曾表示在國家放棄用行政手段組織經濟活動的過程中，造就了一大批獨立自主從事商品經濟活動的市場主體。[24]鄧國勝更指出，西方學者認為中國大陸的非政府組織（NGO）缺乏獨立性或自主性在一九九五年前可能尚屬事實，但一九九五年以後就有失偏頗，因為自此後自下而上的 NGO 大量湧現，自上而下的 NGO 自主性有所增強。[25]究竟我們要如何看待中國大陸社會團體的自主性發展？數量增加可否作為自主性增加的一種指標？

　　若我們從社團組織成長的數字觀察，的確可發現在過去一段時間內社團組織成長快速，據大陸學者不完全統計，一九九〇年大陸各地社團組織僅有 4560 餘個，至一九九八年則增加到 181138 個，增加將近 40 倍。[26]不過，社團組織數目的蓬勃發展，固然可能是因為政府對社團組織管理鬆綁，但這並不代表社團組織的自主性因此而大幅增加，根據大陸民政局公布的資料，1998 年是近幾年社團組織數目最多的時期，1999 年以後的四年內全大陸社團組織數目維持在 130000 個左右，社團數目的降低相信與大陸於1998年公布新的社團管理法令有密切的關

[23] 請參閱王穎等，《社會中間層：改革與中國的社團組織》，（北京：中華發展出版社，1993 年），頁 5；王穎、孫炳耀，〈中國民間組織發展概況〉，俞可平編《中國公民社會的興起與治理的變遷》，（北京：社會科學文獻出版社，2002 年），頁 9。

[24] 鄧正來，《市民社會》，（台北：揚智文化出版社，2001），頁 176。

[25] 鄧國勝，〈1995 年以來中國 NGO 的變化與發展趨勢〉，王名編《中國非政府公共部門》，（北京：清華大學出版社，2003 年），頁 85。

[26] 華監武，《社團革命：中國社團發展的經濟學分析》，（濟南：山東人民出版社，2003），頁 62；不過根據大陸民政局公布的資料，1998 年社團組織的數目是 166000 個，兩者相差將近 2 萬個，請參閱民政部政策研究中心編，《中國社會社利與社會進步報告 2003》，（北京：社會科學文獻出版社），頁 288。

係，[27]否則難以解釋過去均為成長現象，偏偏在該法令公布之後，社團組織數目在這麼短的時間內突然減少。

上述社團數目的消長，說明中國大陸政府並未完全放任社團組織的成長，為避免社團組織發展失控，就必須針對新的現象通過新的法律予以規範。若從以法治國的角度觀察，中國大陸政府以新的法律規範社團組織，比起過去處處講人治有所進步，但我們若從社團組織成立的背景出發，就可發現社團最初即擔任政府某些功能，重新規範是為了強化政府的職能，而非讓社團有法可依，進而可進一步發揮其自主性。（關於社團管理法令之比較研究，將於下一章有更詳細的說明）

就中國大陸社團組織的作用而言，根據人陸民政部的說法有：政府聯繫人民的橋樑和紐帶、現代化建設的重要力量、改革開放的巨大動力；[28]至於學者的研究則認為其作用有：消除貧困解決三農問題、有利於反腐敗與民主政治建設、有利於社會發展、轉變政府職能、促進民營經濟快速膨脹健康發展、實現經濟橫向聯繫、使人民生活多樣化、完善社會保障制度發展社會公益事業、重建社會信用、加快科技進步。[29]從上述對於社團作用的說明可看出，不論是大陸民政部或者是學者均對民間社團賦予過多的國家職能，按理說推動現代化建設及改革開放理應是政府部門應擔負的責任，消除貧困、完善社會保障制度，更是國家責無旁貸之責任，為何這些重責大任需要靠社團來完成，

---

[27] 以上資料請參閱民政部政策研究中心編，《中國社會社利與社會進步報告2003》，（北京：社會科學文獻出版社），頁288。

[28] 吳忠澤，陳金羅編，《社團管理工作》，（北京：中國社會出版社，1996年），頁10-12。

[29] 華監武，《社團革命：中國社團發展的經濟學分析》，（濟南：山東人民出版社，2003），頁45-55。

若是都必須由社團來完成，那要國家何用？如果我們從社團組織產生及其特性就可明瞭為何大陸社團組織需要擔負這些任務。

從大陸社團組織的起源來看，可分為三類；一是由黨政機關發起創辦的社團組織，例如工商聯等；二是由企業、事業單位發起創辦之社團組織，如行業協會等；三則是聯誼性質的協會，如校友會等社團，屬於互益性的社團組織，其中第一類與第二類屬官辦或半官辦居多，第三類則以民辦的居多。[30]關於社團是官辦或民辦之特性的分佈，我們可以從王穎等的研究（如附表）得到更深刻的瞭解。不過，社團的起源與特性並非互斥的，即使是官辦或半官辦的，也可能是互益性的，例如私營企業協會、個體勞動者協會，以及各地的行業協會，雖然屬於官辦或半官辦，因為其會長均為官方人士，但該等社團卻屬於專門服務協會會員之互益性組織，而非公益性團體。[31]

表格 2-3：社團組織民間性與功能分類表

	政治	經濟	科技	文藝	體育	健衛	社福與救助	宗教	聯誼	公共事務	合計
官辦	6										6
半官辦	2	20	42				1		1	3	69
民辦				9	9	2		2	2		24
合計	8	20	42	9	9	2	1	2	3	3	99

資料來源：王穎、折曉葉、孫炳耀著，《社會中間層：改革與中國的社團
　　　　　組織》，（北京：中華發展出版社，1993 年），頁 72。

30　華監武，《社團革命：中國社團發展的經濟學分析》，頁 63-64。另外王
　　名等則將第二、三類以互益性及公益性（包含運作型與中間型）作為區分
　　的標準，並指出互益性社團為目前中國內大陸社團的主體，請參考王名
　　等，《中國社團改革：從政府選擇到社會選擇》，（北京：社會科學文獻
　　出版社，2001）頁 184-227。
31　私營企業協會、個體勞動者協會、行業協會的屬性請參閱華監武，《社團
　　革命：中國社團發展的經濟學分析》，頁 63-64。

　　在王穎等的研究中可看出，99 個社團中官辦與半官辦佔 76%，民辦僅佔 24%，官辦、半官辦與民辦最大的差別在於經費的自主性，通常官辦或半官辦的運作經費是全部或大部分來自於官方的補助，民辦社團組織之運作經費除少數向政府申請外，大部分需要自籌。官辦及半官辦受限於經費補助及主要幹部均為幹部兼任之緣故，其自主性不高易於理解，即使是大部分經費需自籌的民辦社團，由於必須仰賴申請政府補助，故其自主性有多高亦存在不少疑問。

　　根據俞可平在福建省漳浦縣長橋鎮東升村之調查研究結果，就更可以看出社團自主性的程度。東升村共有十八個民間組織，分別為村民委員會、團支部、婦代會、老年協會、果樹研究會、治保會、計畫生育協會、調解會、經濟合作社、人口學校、老年學校、民兵營、村民小組、村民代表會議、廟會、能人會、村務公開民主管理工作小組、村民理財小組（民間組織之民間性及功能分類表請參照表 2-2）。[32]其中屬於政治性組織有村民委員會、村民小組、團支部、婦代會、治保會、計畫生育協會、調解會、人口學校、老年學校、民兵營、村民代表會議、能人會；經濟性社團有經濟合作社；聯誼性組織有老年協會、廟會；科技性組織有果樹研究會；公共事務組織為村務公開民主管理工作小組、村民理財小組。

---

[32]　俞可平，〈中國農村的民間組織與治理：以福建省漳浦縣長橋鎮東升村為例（上）〉，《中國社會科學季刊》，夏季號，二〇〇〇年，頁87。

表格 2-4：福建省漳浦縣長橋鎮東升村社團組織民間性與功能分類表

	政治	經濟	聯誼	科技	公共事務	合計
官辦	12					12
半官辦		1	1	1	2	5
民辦			1			1
合計	12	1	2	1	2	18

　　一般而言，社團經費有三個主要來源，一是會員會費，二是有償服務所得，三是村財政撥款，東升村民間組織之經費來源亦不例外，其中第三項是東升村所有民間組織的主要經濟來源。[33]由此可知，就東升村而言，不論該民間組織之性質及其所扮演的功能為何，由於其經費主要來源係由村財政撥款，[34]其所辦的活動要脫離村委書記的掌握就有相當的困難度。此外，東升村十八個正式或非正式的民間組織中，除了聯誼性社團外，其餘社團的領導人幾乎全部由中共黨員，大多數更是直接由村黨支部委員兼任。[35]由於東升村民間社團組織，一方面經費缺乏自給自足的特性，另一方面領導人又都是由村黨支部委員兼任，所以雖然名為民間組織，而其特性卻十足是官方的

---

[33] 俞可平，〈中國農村的民間組織與治理：以福建省漳浦縣長橋鎮東升村為例（上）〉，頁 93-94。另外，互益性社團由於是成員面向，其社團運作主要經費來源應屬會費收入才是，不過 2000 年之調查資料顯示，北京市級及浙江省級會費收入，分別僅佔社團總收入的 34.52%與 39.69%，來自政府撥款、社團收入及其他來源則分別佔 52.15%與 44.73%，更有部分社團心甘情願附屬於政府以便獲得補助。請參閱褚松燕，〈關於互益性社團的"公益效應"分析〉，《天津社會科學》，二〇〇〇年第五期，頁 50-54。

[34] 村財政補貼村民組織在中國大陸是一種普遍現象，尤其是在村財政情況良好的情況下，請參考俞可平，〈中國農村的民間組織與治理：以福建省漳浦縣長橋鎮東升村為例（上）〉，頁 94。

[35] 俞可平，同上註，頁 95。

派出機關，所擔負的任務是官方所交付，其自主性自然就非常有限。

　　經由以上論述可知，儘管過去二十餘年中國大陸社團組織的發展，因為出現數量種類愈來愈多、規模和實力愈來愈大、管理水平和自治程度愈來愈高、發揮的作用和產生的影響愈來愈廣泛和深刻，而被視為是一種令人振奮的趨勢。[36]不過，若根據某些地區實際調查的資料，數量與規模的增加與擴充，不盡然會增加社團活動的自主性，王穎等在浙江省象山縣及俞可平在福建省漳浦縣長橋鎮東升村所作的社團組織發展調查研究都顯示，社團組織因為具備官民二性以及面臨經費不足的問題，致社團自主性並未因此而增加。即使是自稱相對於國家具有相當自主性企業家社團，對於確立其自主性的作為亦十分有限，反而視官員為其成功的重要因素，並非妨礙因素，因此必須建立與國家的非正式關係，[37]此乃探討社團自主性所不可忽略之面向。

第二節　政治文化在國家與社會自主關係中之作用

一、為何要觀察政治文化？

　　就如同政治文化研究大師 Lucian Pye 所言，在變動中的社會研究中國大陸政治，不可能否認態度、感知、主觀考量的重

---

[36] 康曉光，〈權力的轉移──1978～1998 年中國權力格局的變遷〉，《中國社會科學季刊》，夏季號，二○○○年，頁 48。

[37] Suzanne Ogden, Inklings of Democracy in China, (Cambridge: Harvard University Asia Center, 2002), p.290.

要性，Pye 並認為文化因素在中國大陸主導政治生活的程度，比其他國家都來得高。[38]Pye 並提出三項理由來說明為何此種情況會發生，有關理由如下：

(一) 儒家主義與列寧主義奇特而有力地結合，似乎可以激發熱情與願景。

(二) 儒家主義與列寧主義不僅將最高價值視為是一種意識形態，更是高道德標準的意識形態。

(三) 以政治文化作為瞭解中國大陸政治是十分重要的，因為在中國大陸社會化過程中具有重要性之主要制度，其與關乎中國大陸政治的公共制度之間，有非常獨特的關係。[39]

實際上，政治文化包括社會大眾與菁英的態度，[40]以下將分別就中國大陸社會大眾之政治文化及菁英政治文化進行分析。

二、社會大眾的政治文化

仔細研究政治文化主流途徑並將之運用在中國研究方面的主要學者為 Lucian Pye 和 Richard Solomon。[41]Lucian Pye 認為中國大陸的政治文化將「和諧」視為最高價值，而和諧的概念是強調集體重於個人，使得一般人擔心不和諧的狀況出現而不挑戰集體。[42]如果把和諧視為一種極端，對於中國大陸文革時期

---

[38] Lusian Pye, The Mandarin and the Cadre: China's Political Culture, (Ann Arber: Center for Chinese Studies, The University of Michigan, 1988), p.30.

[39] Op.cit., pp.31-35。

[40] Op.cit., p.8。

[41] 此乃借用 Moody 的說法, Peter R. Moody, Jr., "Trends in the Study of Chinese Political Culture", The China Quarterly, No.139 (September 1994), pp.733-734.

[42] Lusian Pye, The Dynamics of Chinese Politics (Cambridge, MA:

之政治文化的描述，恐怕就是另一個極端。Solomon 觀察到文化大革命使製造衝突成為政治合法性的一部分，改變人們原本在威權體制下不參與政治的態度。[43]然而不論是 Pye 或 Solomon 所指的政治文化，都不利於民主化的發生。因為求穩怕亂的政治態度傾向於接受現狀，固然對於挑戰威權體制使其轉向民主化沒有助益，而文化大革命所呈現的大量政治動員，同樣對於必須依賴妥協才得以最終建立民主制度的過程沒有幫助。[44]文化大革命式的政治動員在文革結束後即未再出現，如今中國大陸的政治文化主要是以求穩怕亂為主。

根據一九八六年、一九九三年針對一般中國大陸人民，以及一九九九年針對大陸六個城市居民對於政治權力與權威之態度的民調顯示，大部分的人民仍然是接受威權且保守的，偏好穩定但收入增加機會少的生活，而非偏好不穩定卻有機會增加收入的生活，而且大部分的人民認為其與政府關係是不利於民主化的階層式關係，而不是有利於民主化的水平式關係。[45]此種求穩怕亂的政治文化，更因中共近年來大肆宣傳不穩定的效應

Oelgeschlager, Gunn&Jain. 1981), p.57; Lusian Pye, The Mandarin and the Cadre: China's Political Culture, (Ann Arber: Center for Chinese Studies, The University of Michigan, 1988), pp.38-41.

[43] Richard Solomon, Mao's Revolution and the Chinese Political Culture (Berkeley: University of California Press, 1971), p.520

[44] 文革無益於民主化請參閱 Alan P.L. Liu, Political Culture & Group Conflict in Communist China (Santa Barbara: Clio Press, Inc., 1976), p.18; Lusian Pye, The Mandarin and the Cadre: China's Political Culture, p.132

[45] Zheng, op. cit., pp.252-257; Tianjian Shi, "Culture Values and Democracy in the People's Republic of China", The China Quarterly, No.162 (June 2000), p.548; Wenfang Tang, "Political and Social Trends in the Post-Deng Urban China: Crisis or Stability?" The China Quarterly, No.168 (December 2001), pp.899- 904

而強化，使一般老百姓相信沒有共產黨領導將出現天下大亂。[46]
由於選舉結果很難被執政者掌握，所以民主本身就代表某種不
確定性，[47]中國大陸在這種上下都求穩怕亂的政治文化氛圍中，
要實施不穩定性高的制度非常困難，在政治文化未改變前，該
因素對於促進大陸民主化的機率實在非常低。

　　如前所述，選舉制度有助於改變政治文化，這也使得大陸
的村自治選舉在最近幾年引起外界廣泛的關注，並被視為是民
主化的第一步。[48]不過，一方面因為村民委員會仍然必須接受中
共黨支部的領導，[49]另一方面中共推行村自治選舉主要目在增加
共產黨的群眾支持度，[50]而不是擴大民眾的政治參與度，再加上
曾經在一、兩個鄉鎮試點的自治選舉被判定為違反中共憲法，[51]
以致於選舉層級自一九八七年進行試點以來，遲遲無法向上提
升，自然就對改變政治文化的效果有限。[52]

---

[46] 中共藉宣傳成功地強化人民求穩怕亂心理，請參閱康曉光，〈未來 3-5 年
中國大陸政治穩定性分析〉，《戰略與管理》，第三期，2002 年，頁 9；
中國大陸民眾求穩怕亂的心理，亦請參閱 Harvey Nelsen, "The Future of
Chinese State," David Shambaugh, ed., The Modern Chinese State,
(Cambridge: Cambridge University Press, 2000), p.235.

[47] 民主的不確定請參閱 Bruce J. Dickson, " Democratic Development in Taiwan:
A Model for the PRC?", PacNet Newsletter, No.43 (October 27, 2000), p.1

[48] 村自治在美國中國研究學界受重視的程度請參閱 Bruce J. Dickson,
"Political Instability at the Middle and Lower Levels ", p.45

[49] 中共主管村自治選舉之民政部部長李學舉指出，不斷完善村自治選舉的第
一個原則就是要堅持黨的領導，請參閱李學舉，〈不斷完善村民自治〉，
《求是》，第九期，2003 年，頁 38-39。

[50] Kevin J. O'Brien and Lianjiang Li, "Accommodating Democracy in a
One-Party State: Introducing Village Elections in China" The China Quarterly,
No.162（June 2000），pp.488-489

[51] Ibid., p.488.

[52] Shi 曾針對村自治對政治文化的影響作調查研究，結論是看不出來村自治
對民眾的政治文化有明顯影響 Shi, op. cit.,p.558

　　此外，由於大陸當局關於政治方面的改革是進行政治體制改革而不是政治改革，其目的在堅持和加強黨的領導的手段。[53]所以，透過由上而下的制度設計來改變人民政治文化的機會幾乎不存在。綜合言之，中國大陸的政治文化仍停留在地域型與臣屬型之類型，有利於民主化的參與型政治文化在中國大陸尚不明顯，短期內也看不出其現行選舉制度可以改變其政治文化的可能性。

三、菁英分子的政治文化

　　執政菁英分裂、向反對黨尋求奧援，進而建立民主協商機制的菁英策略互動論，被許多學者視為是民主化的必要條件。[54]換言之，小是改變國家與社會關係非常重要的一項變數，因此菁英分子政治文化的變遷，以及執政菁英之間會否出現分裂，對於改變國家與社會關係也就成為相當重要的關鍵。就菁英分裂而言，大陸不是沒有出現過這樣的機會。實際上有證據顯示，整個一九八〇年代中共的統治菁英是處於分裂的狀態，此種分

---

[53]　張祖樺，《中國大陸政治改革與制度創新》，（台北：大屯出版社，2001年），頁 222。

[54]　Guillermo O'Donnell, Philippe c. Schmitter, Transitions from Authoritarian Rule: Tentative Conclusions about Uncertain Democracies (Baltimore: Johns Hopkins University Press,1986), pp.17-21; Adam Przeworski, "Problems in the Study of Transition to Democracy," in Guillermo O'Donnell,et al., ed., Transitions from Authoritarian Rule: Prospects for Democracy (Baltimore: Johns Hopkins University Press,1986), pp.53-56; Ruth Berins Collier and James Jahoney, "Adding Collective Actors to Collective Outcomes: Labor and Recent Democratization in South American and Southern Europe," in Lisa Anderson ed., Transitions to Democracy (New York: Columbia University Press, 1999), pp.5-6; Dankwart A.Rostow, "Transitions to Democracy: Toward a Dynamic Model,"Lisa Anderson, ed., Transitions to Democracy (New York: Columbia University Press, 1999), pp.14-41

裂在一九八九年天安門事件時達到高潮，總書記趙紫陽與總理
李鵬，對待學生的態度，就很明顯出現分裂。[55]可是大陸當時（現
在也是）只有友黨而沒有反對黨[56]。學生在事件中也未能適時扮
演反對勢力的角色，[57]為以趙紫陽為首的溫和派提供黨外奧援，
來對抗以李鵬為首的黨內強硬派。最後趙紫陽只得在鄧小平的
指示下離開總書記的職位，使得八九天安門事件未能在大陸民
主化的方向踏出重要的一步。

時序進入九〇年代中期以後，中國大陸就沒有出現高層公
開分裂，政府內部的衝突也沒有外部化。[58]曾經一度被視為在一
九九七年中共「十五大」，有實力足以取代江澤民而成為最高
領導人的「人大」委員長喬石，[59]在中共「十五大」後因年齡因
素退休，並未引發中共高層因爭奪權力而分裂，同樣的故事在
二〇〇二年中共「十六大」前亦曾上演。中共國家主席江澤民、
人大委員長李鵬、政協主席李瑞環，在中共召開「十六大」之
前，被視為是在中共高層權力分配鬥爭最激烈的三個人。[60]不
過，中共「十六大」在二〇〇二年十一月八日至十四日召開時，

---

[55] 有關大陸執政菁英分裂狀況請參閱鄒讜，《二十世紀中國政治》，（香港：
牛津大學出版社，1994 年），頁 170-179；康曉光，前引書，頁 8。

[56] 邱澤奇，〈制度性因素與中國政治民主發展〉，林佳龍、邱澤奇編《兩岸
黨國體制與民主發展》，（台北：月旦出版社，1999 年），頁 305-313。

[57] 八九天安門事件未能在大陸民主化的方向踏出重要的一步，一方面是因為
學生只是希望建立合法的對話空間以決定改革進程，而不是推翻共產黨，
另方面是學生在城市的抗議活動，並未引起全國的關注，進而帶動大部而
分民眾的參與，請參閱 Mark Selden, The Political Economy of Chinese
Development，（Armonk, New York: M. E. Sharpe, Inc.,1993），pp. 221-230；
吳玉山，前引書，頁 22。

[58] 康曉光，前引書，頁 9。

[59] 吳國光、王兆軍，前引書，頁 23-32。

[60] 有關三人鬥爭的訊息請參閱王玉燕，〈70 而退確立李瑞環留任李鵬走人〉，
《聯合報》，2002 年 8 月 17 日，版 13。

李鵬與李瑞環退休，江澤民留任中央軍委主席，權力轉移過程順利，並沒有出現分裂的痕跡。

另一方面，在經歷了一九八九年天安門事件後，中國大陸自一九九〇年代以來所出現新保守主義的思潮，就被認為是政治菁英、經濟菁英或者是知識菁英對於穩定都有共識的展現，[61]使得有利於民主化的自由主義思潮在大陸逐漸失去市場，在此環境下，菁英均將維持穩定視為優先目標，菁英分裂就不容易出現。所以就目前中國大陸的現狀而言，看不出在最近的未來會出現菁英分裂及一股有別於國家、有組織且有堅定信仰的社會自主力量。就如同 Edward X. Gu 在研究知識菁英組織所獲致的結論是，現有知識分子反對黨國體制的制度性基礎是薄弱的，而且知識分了對抗黨國的行動也不是主流，真正的主流是在制度轉軌過程中，在既有框架內找到知識分子團體制度化的空間。[62]

黨內民主或許是一條可能導致菁英分裂的道路，依據《求是雜誌》刊載劉作翔等關於黨內民主或政治參與之文章的設計，「完善候選人產生辦法和差額選舉辦法」是主要的重點。[63]差額選舉若能確實全面地履行，長此以往，中國大陸又何嘗不

---

[61]　祖治國，《九〇年代中國大陸的新保守主義》，（台北：致良出版社，1998年），頁 4；康曉光，前引書，頁 10；Kalpana Misra, "Curing the Sickness and Saving the Party: Neo-Maoism and Neo-Conservatism in the 1990s", in Shiping Hua, ed., Chinese Political Culture (Armonk, New York: M. E. Sharpe., 2002), pp. 148-153

[62]　Edward X. Gu, "Plural Institutionalism and the Emergence of Intellectual Public Spaces in China",.p.165.

[63]　有關差額選舉請參閱唐曉清，〈黨內民主是黨的生命〉，《求是》，第七期，2003 年，頁 22-24；甄小英、李清華，〈以黨內民主推進人民民主〉，《求是》，第十二期，2003 年，頁 33-35；劉作翔，〈擴大公民有序的政治　與〉，《求是》，第十二期，2003 年，頁 42-44。

會因差額選舉而出現菁英分裂及反對黨的現象。只不過目前即使進行差額選舉亦僅僅是停留在村自治層級，雖然劉作翔提議擴大範圍，但在中共不照搬西方政治模式情況下，[64]能擴大到多大範圍仍有太多變數。由此可知，中共政權要靠執政菁英分裂，以及配合反對黨的運作，以改變現有國家與社會關係，其實不是那麼容易。

第三節　現有以社團為例探討國家與社會關係之研究

在現有以社團為例探討國家與社會關係之研究著作中，很明顯地區分為三大類，第一類主要是以市民社會的角度，來看待社團的發展及其與國家之間的關係，例如 Gordon White 及 Christopher Earle Nevitt 的文章，就分別從八十年代末期以來的社團發展，說明市民社會已出現或尚未出現。[65]至於在中國大陸

---

[64] 中共「十六大」報告關於「政治建設與政治體制改革」專章中，江澤民提出「發展社會主義民主政治，最根本的是把堅持黨的領導、人民當家作主和依法治國有機統一起來，黨的領導是人民當家作主和依法治國的根本保證……絕不照搬西方政治制度的模式」。所強調的仍然是「黨的領導」、「不照搬西方政治制度的模式」，說明政治體制改革與民主化無明顯關係。至於中共對言論自由的箝制，也未因施政風格似較為溫和的胡錦濤接任總書記後而有所改變，胡轄下的中宣部曾點名批評大陸十多家「違犯新聞紀律」的媒體，並禁止因刊有多篇「敏感」文章的「財經」雜誌之發行，請參閱大陸新聞中心，〈中共中宣部點名違紀媒體〉，《中國時報》，2003年6月26日，版A13。

[65] Gordon White, "Prospects for Civil Society in China: A Case Study of Xiaoshan City," The Australian Journal of Chinese Affairs, No. 29 (January 1993), pp.63-87;Christopher Earle Nevitt, "Private Business Associations in China: Evidence of Civil Society or Local State Power?" The China Journal, No.36 (July 1996), pp.26-43.

運用市民社會概念來觀察社團發展，進而探討其與國家之間的關係者，則是經《中國社會科學季刊》的推動而形成一種風潮[66]，其中最具代表性的文章莫過於一九九二年《中國社會科學季刊》創刊號中，由鄧正來與景躍進合寫的「建構中國的市民社會」。[67]

　　第二類則是從組合主義的角度來探討社團發展其及與國家的關係，主要代表西方學者有 Anita Chan, Jonathan Unger，以及 Margaret Pearson。[68]此類研究主要認為工會組織或農民協會是扮演國家與個體之間雙向傳送帶（transmission belts）的角色，由上而下的傳送在於以國家的集體善為基礎，動員工人或農民增加生產；由下而上的傳送則表達基層的權利與利益。[69]因為所有合法的社團都需要註冊，且同類社團只有其中　個可以作為該類社團的代表，加上大部分社團都是由政府所發起的，所以被

---

[66]　鄧正來，〈中國發展研究的檢視：兼論中國市民社會研究〉，鄧正來與 J. C.亞歷山大編，《國家與市民社會》，（北京：中央編譯出版社，1998 年），頁 444-462。

[67]　該文後經澳洲國立大學教授 David Kelly 翻譯發表於 1993 年之 Chinese Social Science Year Book，請參閱鄧正來著，《市民社會》之附錄部分，（台北：揚智出版社，2001 年），頁 171-210。

[68]　Anita Chan, "Revolution or Corporatism? Workers and Trade Union in Post-Mao China", the Australian Journal of Chinese Affairs, No. 29 (January 1993), pp.63-87; Margaret M. Pearson, "The Janus Face of Business Associations in China: Socialist Corporatism in Foreign Enterprises," the Australian Journal of Chinese Affairs, No.31 (January 1994), pp.25-46.; Jonathan Unger and Anita Chan, "China, Corporatism, and the East Asian Model," The Australian Journal of Chinese Affairs, No.33 (January 1995), pp.29-52.; Jonathan Unger, "Bridges: Private Business, the Chinese Government and the Rise of New Association," The China Quarterly, No.147 (September 1996), pp.795-819.

[69]　Jonathan Unger and Anita Chan, "China, Corporatism, and the East Asian Model," p.37

Anita Chan，Jonathan Unger 以及 Margaret Pearson 視為是組合主義最佳的特徵。[70]受到此種理論之影響，中國大陸學者張靜特別寫了一本名為「法團主義」（corporatism）的書，介紹組合主義的演進及其在中國研究上的適用性，雖然張靜不認為組合主義適用於解釋中國大陸國家與社會關係，但毫無疑問此種理論已成為重要的研究取向。[71]

第三類則是著重探討社團發展之沿革及其在政府施政中的作用，主要是以中國大陸的學者為主。例如王名等所著之「中國社團改革」書中，主要在描述社團發展的歷程，以及社團發展如何由政府選擇轉變到社會選擇的過程，並未涉及社團發展之後其與國家的關係究竟產生何種變化；[72]同樣地華監武在其「社團革命」乙書中，所探討的內容除了社團發展之背景、必要性及現狀分析外，著重探討政府職能轉變與社團組織發展，社團組織與社會進步、社會公益事業、以及其消滅貧窮之間的關係，[73]亦未將社團發展後其與國家關係之變化列為討論重點。即使是被西方及中國大陸研究社團之學者廣泛引用之著作，[74]由

---

[70] Jonathan Unger and Anita Chan, "China, Corporatism, and the East Asian Model," pp.39-40; Margaret M. Pearson, "The Janus Face of Business Associations in China: Socialist Corporatism in Foreign Enterprises," pp.35-36.

[71] 張靜著，《法團主義》，（北京：中國社會科學出版社，1998 年）。

[72] 王名等著，《中國社團改革：從政府選擇到社會選擇》，（北京：社會科學文獻出版社，2001 年）。另請參閱王名、賈西津，〈中國非營利組織：定義、發展與政策建議〉，范麗珠編，《全球化下的社會變遷與非政府組織（NGO）》，（上海：上海人民出版社，2001 年），頁 262-286。

[73] 華監武著，《社團革命：中國社團發展的經濟學分析》，（青島：山東人民出版社，2003 年）。

[74] Jonathan Unger 將該書視為此類知識之來源，請參閱 Jonathan Unger, "Bridges: Private Business, the Chinese Government and the Rise of New Association", p.147.

王穎等所著「社會中間層」，全書內容亦僅止於說明社團的崛起、功能、組織模式、與外部互動關係及組織體系的變革等，而未將社團發展後與國家之互動關係列為討論重點。

本文在第一章已針對運用「市民社會」及「組合主義」理論解釋中國大陸國家與社會所可能產生的爭議，運用上述兩種理論觀察社團發展及其與國家之間的關係，其實是面臨同樣的問題，所以本節第一類及第二類之研究，並無法給予我們足夠藉由社團發展進而理解國家與社會關係之啟示。至於第三類研究，由於只著重在社團沿革、現狀及功能的介紹，屬於靜態的說明，對於如何看待社團發展後，究竟與國家產生何種新的互動關係，國家是否為了轉變職能，而放寬對社團發展的管制，進而使國家與社會關係有新定位出現。本研究是在上述研究不足之處，透過新的研究途徑，藉由社團發展之動態，理解九十年以來國家與社會互動關係的變化。

為確實瞭解國家能力如何在社會中展現其應有的影響力，最好的方式莫過於觀察其如何透過政治或法律手段，干預社會的活動，以避免社會力的擴展對其形成挑戰。法律制訂後能否有效落實，亦是檢驗國家與社會關係的重要指標，若規範社會行為法律基本能被遵守，那就表示國家與社會關係處於平衡狀態，反之就必須修法，或者國家透過強制力逼社會就範。故本文就從法律規範著手，再觀察社會是否在此法律範圍內活動。

第三章　國家與社會團體關係之發展

第一節　改革開放前的社團發展情況

中國大陸政府制定法律以管理社團發展的時間甚早，在其政權成立的第二年（一九五〇）九月，即由當時的政務院制定《社會團體登記暫行辦法》，該《辦法》共計十七條，確立社會團體的類別、登記的範圍、籌備登記、成立登記的程序、原則、登記事項以及處罰等內容。[1]隔年的三月，由當時政務院下的內務部依據該《辦法》制定《社會團體登記暫行辦法實施細則》，從此確立內務部和地方政府要求人民群眾團體、社會工藝團體、文藝工作團體、學術研究團體、宗教團體進行依法登記的法律地位。[2]

中國大陸政府在建立政權後不久即針對社團管理進行立法工作，充分顯示其對監控社會團體之重視，避免其因未登記而處於失控狀態，進而成為影響其政權穩定的重要因素。誠如中國大陸國務院民政部社團管理司所編之《社團管理工作》中所言：「經過內務部和地方人民政府三年多的工作，基本清除國民黨反動派遺留在大陸的反動團體，……使社會團體走上健康

---

[1] 王名等著，《中國社團改革：從政府選擇到社會選擇》，（北京：社會科學文獻出版社，2001年），頁5；華監武著，《社團革命：中國社團發展的經濟學分析》，（青島：山東人民出版社，2003年），頁61。
[2] 同上註。

發展的軌道」[3]。而中國大陸政府之所以採取如此快速管理社會
團體的措施，又與其總結陝甘寧邊區人民群眾結社活動和社團
管理的經驗有關，[4]擔心若不採取該項措施，國民黨若藉同樣的
方式奪權，將使其剛剛建立的政權不保。日後中國大陸政權雖
然不必過於擔心社團造反，但受限於本身經驗的關係，其社團
活動的管理仍然是處於「禁多於管」的狀態，畢竟健康發展地
軌道是很難有客觀的標準。

　　實際上，中國大陸政府管理當時社團的舉措，與其時代背
景是相互呼應的。一九四九年後所開展的「國家改造運動」，
致使國家權力比先前任何時候都更具滲透性與覆蓋性，整個社
會的組織系統演變成執行以黨的意志體現出來的國家意志的工
具。[5]在此段時間，社團完全在國家的掌控之下，且數量增加極
為有限，就不難理解。根據吳忠澤與陳金羅的統計，從一九五六
年到一九六五年的十年之間，中國大陸全國性社團僅從四十四個
增加至近百個，[6]其數字與改革開放後的情況幾乎無法比擬。

第二節　改革開放後的社團發展情況

　　隨著一九七八年後改革開放政策腳步的加快，中國大陸經
濟發展與社會多元化情況日益明顯，社會團體亦如雨後春筍般

---

[3]　吳忠澤，陳金羅編，《社團管理工作》，（北京：中國社會出版社，1996
　　年），頁5。

[4]　同上註，頁5。。

[5]　胡俊，〈構築國家與社會的良性關係〉，《當代中國研究》，2005年1期，
　　頁65-74。

[6]　吳忠澤，陳金羅編，《社團管理工作》，頁5。

地湧現，根據大陸有關部門的統計，一九八九年初全國性社團發展到 1600 餘個，相當於文革前近百個的 16 倍。[7]這樣的社團發展趨勢，使得有關部門又擔心此種發展態勢對社會穩定與經濟發展產生不利影響，進而採取新的管制措施來規範新形勢下的社團發展。例如，中國大陸國務民政部社團管理司就認為「國家有關部門依據舊的社團法規難以對社會團體進行有效的調控……，致使社會團體重複設置各擅自成立的情況相當嚴重。這個問題不解決，會對社會穩定和經濟發展產生不利的影響，甚至帶來難以預制的後果」。[8]孫立平也指出，改革開放後社會團體的數量增加很多，有的社團在未經批准下自行宣告成立，其存在的各種問題（尤其是政治問題）引起政府的憂慮。[9]

　　為了解決上述問題，中共中央及國務院特別於一九八四年頒布「關於嚴格控制成立全國性組織的通知」，試圖對社會團體之問題進行策略性調整，廣東、北京等省市亦制定地方性社團法，對人民結社活動進行規範，在局部取得效果，但是社會團體多頭審批和擅自成立的情況並未改變。[10]

　　真正管理工作開始走向法制化軌道，還是一九八九年十月十三日中國大陸國務院常務會議通過之「社會團體登記管理條例」，該「條例」並於一九九八年經修訂後，於一九九八年十月廿五日頒布實施。[11]該「條例」之立法及修訂在時間點上，適

---

[7]　請參閱吳忠澤，陳金羅編，《社團管理工作》，頁 5；謝岳，〈組織結構的制度化重建：開放社會的政治整合〉，《天津社會科學》，2002 年第二期，頁 36-42。

[8]　吳忠澤，陳金羅編，《社團管理工作》，頁 6。

[9]　孫立平，〈民間公益組織與治理：希望工程個案〉，俞可平編《中國公民社會的興起與治理的變遷》，（北京：社會科學文獻出版社，2002 年），頁 72。

[10]　吳忠澤，陳金羅編，《社團管理工作》，頁 6。

[11]　中國大陸國務院民政部社團管理司所撰報告，指出一九八九年公布之「社

逢改革開放政策實施後社會與經濟發生重大變化的十年及二十年，故仔細解讀該條例之立法意旨，將有助於吾人透過社團組織管理法令變遷，瞭解中國大陸國家與社會關係之變化。

第三節　一九八九年後社團發展情況

一、一九八九年《社會團體登記管理條例》要點

　　基於要從根本解決問題，中國大陸國務院民政部於一九八七年起草《社會團體登記管理條例》（以下簡稱《條例》），並於一九八九年十月廿五日以國務院令形式發布之《條例》，總共有六章、三十二條，分別為第一章總則一至六條、第二章管轄七至八條、第三章成立登記九至十八條、第四章變更登記、註銷登記十九至二十二條、第五章監督管理二十三至二十八條、第六章附則二十九至三十二條。[12]就形式而言，此《條例》的重點當然在第三章「成立登記」的部分，佔所有法條的三分之一強，若再加上第四章「變更登記、註銷登記」的部分，其所佔所有法條的比例就高達二分之一，所以該《條例》雖名為登記管理，但重點在於登記的部分而非管理的部分。

　　會團體登記管理條例」使社團管理工作走向法制化軌道，請參閱吳忠澤等，〈中國民間組織管理工作報告：進程與展望〉，時正新編《中國社會福利與社會進步報告 1999）》，（北京：社會科學文獻出版社，2000 年），頁 93-106。

[12] 中國大陸國務院於一九八九發布「社會團體登記管理條例」請參見吳忠澤，陳金羅編，《社團管理工作》之附錄部分，頁 117 至 121。

在第一章總則中比較值得重視的是除了強調必須登記才能活動、遵守憲法及法律、依法受到保護外，對社會團體的種類以及其特性亦有詳細的規定。舉凡協會、研究會、基金會、聯誼會、促進會、商會等，均被列為社會團體；另外一個重點就是社團不得從事以營利為目的的經營性活動。第三章成立登記主要針對社團登記必須備妥之文件以及社團章程內容，作出詳細的規定。在申請成立社團方面，必須備妥負責人簽署的登記申請、有關業務主管部的審查文件、社會團體章程、辦事機構地址或者聯絡地址、負責人姓名、年齡、住址、職業及簡歷、以及成員數額。至社會團體章程所載明的事項、亦有詳細的規定，包括名稱、宗旨、經費來源、組織機構、負責人產生的程序和職權範圍、章程的修改程序、社會團體的終止程序以及其他必要事項。另外為避免非法社團利用人頭社團，從事與社團宗旨不符的活動，影響社會穩定，故該「條例」特別指出「登記證書不得塗改、轉讓、出借」。

二、監督與管理功能

至於監督與管理主要有二部分，一部分是透過年度檢查與報告方式，即登記管理機關對社會團體實施年度檢查制度，社會團體應當於每年第一季提交上一年度的年檢報告和有關材料，其內容主要包括：執行法律、法規情況、開展業務活動情況、開展經營活動情況、財務管理和經費收支情況、機構設置情況、負責人及工作人員情況、社團辦公地點情況、其他有關情況──社團收取費用、政府部門兼任社團領導職務情況等。[13]

---

[13]　有關年度檢查之內容，請參閱吳忠澤，陳金羅編，《社團管理工作》，頁85-86。

此部分主要的作用在於維護社會穩定，保證社會團體健康發展；監督黨和國家的方針政策在社會團體的貫徹落實，維護法律、法規的嚴肅性；充分發揮國家行政管理的職能。[14]

另一部分則是依據社會團體之違規情節分別予以警告、停止活動、撤銷登記、依法取締等處罰，如登記中隱瞞真實情況、弄虛作假者；塗改、轉讓、出借社會團體登記書者；從事以營利為目的的經營性活動者；違反章程規定的宗旨進行活動者；從事危害國家利益的活動者。社會團體處罰被視為是實現社團管理工作法制化、規範化的重要保證，其意義根據民政部社團管理司說法有：是保護社會團體合法權益的有力工具、是向各種違法違紀行為作鬥爭的重要手段、以及是預防各類違法違紀行為發生的有力措施。[15]

三、意涵與影響

我們不論是從社團登記的角度，或是從社會團體的業務活動受有關業務主管部門指導的角度，或甚至是從監督管理社會團體的作用在維護社會穩定、發揮國家行政管理職能的角度，均可看出國家透過立法手段滲透社會層面的作用，維持社會穩定始終是中國大陸國家在管理社會團體的一項重要作用，誠如民政部社會團體司官員表示：「對社團進行監督管理，在任何國家，任何時期都具有強烈的政治性，代表統治階級的意志，為維護社會秩序和鞏固其社會經濟基礎服務。」[16]由以上論述可清楚看出，社會團體在中國大陸國家的心目中，始終是一股可

---

[14] 吳忠澤，陳金羅編，《社團管理工作》，頁 101。
[15] 同上註，頁 105。
[16] 同上註，頁 99。

能破壞社會穩定的力量，在無法阻止社會團體出現的情況下，只好設法加強監督與管理，以避免使其失控，對經濟發展及社會穩定造成無法預期的後果。

一九八九年前的社團成立，是由各部門分別審批，總體上來說是屬於普通行政許可制，然而這種「多頭審批」造成許多部門審批、管理不嚴，甚至出現擅自成立的嚴重現象。[17]一九八九年《社會團體登記管理條例》的頒布，是正式將原來的民間組織行政管理體制，改由民政部門主管登記管理，並受業務主管部門管理，即採取「分級登記，雙重管理」模式。[18]而此《條例》的頒布是在六四天安門事件後的背景下產生，自然對於社團組織的發展，採取偏嚴的審批與管理為主。[19]「雙重管理」及條例中的「限制競爭原則」，很大程度上限制了社團組織的成立和發展。

因為在「雙重管理」機制下，社會團體在登記註冊成為合法組織前，必須成為政府所屬的，一定職能機構所需要和能夠控制及管理的對象，否則無法登記。[20]而「限制競爭原則」，一方面是透過人為手段保護既有的自上而下的社會團體，另一方面限制自下而上的社會團體的設立。[21]在這兩種制度設計下，社會團體發展受到壓抑，似乎是極其自然之事。該《條例》公布

17　陳漭，《中國公民社會的興起與治理的變遷》，（哈爾濱：黑龍江人民出版社，2003），頁 86。

18　孫立平，〈民間公益組織與治理：希望工程個案〉，俞可平編，《中國公民社會的興起與治理的變遷》，（北京：社會科學文獻出版社，2002 年），頁 72。

19　同上註。

20　陳漭，《中國公民社會的興起與治理的變遷》，（哈爾濱：黑龍江人民出版社，2003），頁 87。

21　同上註。

後，立即而明顯的影響，就是經過復查登記，中國大陸全國性
社團從原來的 1600 多個，確認登記為 1200 個。[22]由此可知，《條
例》的公布及據以進行的復查登記，對於公民結社與社團活動
的規範，的確發揮一定的作用。

第四節　一九九八年修訂《條例》後的社團發展狀況

一、修訂後《條例》之要點

　　經過十年的經濟社會巨烈變動，中國大陸國務院有感於社
會出現過多過亂的現象，社團亦出現許多不規範的行為，於是
針對一九八九年所頒布之《條例》進行修訂，並於一九九八年
十月廿五日公布實施。[23]修訂後的《條例》，共計有總共有七章、
四十條，分別為第一章總則一至六條、第二章管轄七至八條、
第三章成立登記九至十九條、第四章變更登記、註銷登記二十
至二十六條、第五章監督管理二十七至三十一條、第六章罰則
三十二至三十七條、第七章附則三十八條至四十條。[24]就形式而
言修訂後之《條例》與修訂前最大的不同即在於加重監督管理的
力度，將原本附著於「監督管理」章中的處罰條文，不僅獨立出
來單列一章，且罰則內容大幅擴充，其目的顯然就是要透過嚴格
的處罰來規範社團之行為。以下將就重要之章節一一說明。

---

[22]　同上註，頁 5。
[23]　華監武著，《社團革命：中國社團發展的經濟學分析》，頁 62-63。
[24]　有關修訂後之《條例》內容，請參閱中國大陸民政部網站
　　　http://www.mca.gov.cn/artical/content/PMJN/2003。

二、前後兩《條例》之比較分析

　　首先，第一章修訂前後的最大差別在於對於社團界定的不同，不再將各種社團列出，只指出「中國公民自願組成，為實現會員共同意願，按照其章程開展活動的非營性社會組織」，另外將參與政治協商會議、經國務院批准免登記、機關等單位、內部經單位批准且只在內部活動之社會團體，排除在登記之外。顯示中國大陸民政部經過十年社團管理的經驗，不論在社會團體的定義上，以及辦理登記的程序上，都較十年前有更清楚的認識，而不是將有關團體全部列入，進而使得未列入者成為漏網之魚。這樣的社團界定，就使得干穎、孫炳耀針對民政部原有的四種分類再細分為十七類，顯得不是非常必要。[25]

　　其次，修訂前後有明顯差異者為第三章的成立登記，其限制比十年前更嚴格。第一，設定成立登記的門檻：包括必須有一定數額的會員、規範的名稱和相應的組織、有固定的住所、有與活動相應的專職人員、合法的資產與經費來源、獨立承擔民事責任的能力；第二，增加不予批准的條件：除保留同一行政區內不必要成立業務範圍相同或相似的社會團體外，另增加有根據證明申請籌備之社會團體的宗旨及業務範圍不符第四條規定者、發起人或擬任負責人正在或者曾經受到剝奪政治權利的刑事處罰，或者不具有完全民事行為能力者、在申請籌備時弄虛作假者、有法律或行政法規禁止的其他情形者。

　　第三，限制分支、代表機構的設立：根據《條例》第三章第十九條的規定，分支、代表機構的設立，應當向業務主管單

---

[25] 有關社團分類請參閱王穎、孫炳耀，〈中國民間組織發展概況〉，俞可平編，《中國公民社會的興起與治理的變遷》，（北京：社會科學文獻出版社，2002 年），頁 3~5。

位審查同意，向登記管理機關提交有關分支、代表機構的名稱、
業務範圍、場所及主要負責人等情況的文件，申請登記。分支、
代表機構的登記手續雖不如主要機構繁瑣，但與成立登記亦相
去不遠，主要目的即在於藉此限制分支、代表機構的設立。因
為舊《條例》對於分支機構的設立，並無明確的規範，致使許
多新的社團以舊社團分支機構的名義活動，規避相關單位的檢
查，[26]使得民政部在修訂《條例》時特別訂出分支機構的規範以
便於管理，避免出現許多社團的分支或代表機構，卻無從管理
的現象。由於民政部擔心《條例》中關於分支機構設立過於簡
化，特別提請國務院於二○○一年七月三十日發布《社會團體
分支機構、代表機構登記辦法》，[27]對社團之分支、代表機構的
登記有更進一步的規劃，並且要求已備案之社團分支、代表機
構於《辦法》公布一年內依據《辦法》申請登記。由此可知，
中國大陸國務院民政部對社團分支、代表機構活動管理之細緻。

　　最後，修訂後的監督管理及罰則的章節中特別重視經費來
源問題，包括資產來源必須合法、社團經費必須是合法收入且
不得在會員中分配、接受捐贈、資助必須符合章程規定的宗旨
與業務範圍、必須執行國家規定的財務管理制度。民政部之所
以對經費來源作出細部規定，無非是不希望社團經由不合法管
道獲得資助，進行從事不法之行為，影響社會之穩定。也正因
為此種考量，故在訂定罰則時，經費來源及支用情形就成為是

26　例如全國工商聯曾經就成立「全國私營企業研究協會」，以及在地方上的
　　「商會」，藉以規避有關單位的管制，進而展現該兩單位的自主性，請參
　　閱 Jonathan Unger, "Bridges: Private Business, the Chinese Government and
　　the Rise of New Association", The China Quarterly, No.147(September 1996),
　　pp.795-819. 亦請參閱王穎、孫炳耀，〈中國民間組織發展概況〉，頁 8。
27　請參閱中國大陸民政部網站。

否處分社團行為的重要標準，在新增三條違反規定予以警告、停止活動、或撤銷登記的條文中，有二條是關於經費與資產問題，由此可知民政部在經過十年社團管理的經驗，所得出的結論就是對經費來源與使用嚴加控管。社團若在經費方面無法具有自主性，自然必須向政府申請補助，所辦之活動也就自然而然能為政府所左右，其行為的自主性自然就不高，國家就更容易介入監督，一旦發覺不法，即可加以處罰，以解決可能導致社會不穩定的因子。[28]

三、意涵與影響

經過以上的比較分析，就可以非常明瞭為何民政部民間組織管理局會認為：「修訂後的《條例》嚴格地把握了社團的政治方向，加人了對社團經濟行為的管理力度，進一步理順社團雙重管理體制，完善了登記程序，細化了處罰的具體內容，增加了對執法主體的監督。」[29]另外值得　提的是，中國大陸國務院民政部在一九九八年除了修訂《條例》之外，並在同年公布《民辦非企業單位登記管理的暫行條例》，第一次界定中國大陸民辦企業單位的概念，此二《條例》的頒布實施，被視為中

---

[28] 為了取締非法而加以處罰，民政部於二〇〇〇年四月還特別公布《取締非法民間組織暫行辦法》，該辦法第一條即表明：為了維護社會穩定和國家安全，根據《社會團體登記管理條例》和《民辦非企業單位登記管理暫行條例》及有關規定，制定本辦法。而明定為非法民間組織的特性為：（一）未經批准，擅自開展社會團體籌備活動的；（二）未經登記，擅自以社會團體或者民辦非企業單位名義進行活動的；（三）被撤銷登記後繼續以社會團體或者民辦非企業單位名義進行活動的。由此可知，社團管理單位在社團管理上的防堵措施，配套完備。請參閱中國大陸民政部網站 http://www.mca.gov.cn/artical/content/PMJN/2003122285959.htm。

[29] 時正新編，《中國社會福利與社會進步報告 1999）》，（北京：社會科學文獻出版社，2000 年），頁 95。

國大陸政治、經濟生活中的一件大事，是社會主義民主法制走
向規範化、法制化的里程碑。[30]為凸顯中國大陸政權國家能力在
管理社團工作的滲透力，下節將以台灣社團活動法令作為參考
體，來檢視兩項法令的差異，以探討為何會出現此種差異。

其實早在修訂《條例》之前，民政部就已經開始逐步在加
強社會團體的管制工作，從民政部自一九九三年起每年公布的
「民政事業發展統計公報」工作內容之排序，就可以明顯地看
出其調整的幅度。一九九三年、一九九八年社團管理均列在民
政部統計公報的第五項，一九九四年、一九九五年則列為第四
項，一九九六年、一九九七年則列為第二項，所以自一九九三
年至一九九八年，除一九九八年外，社團管理受到民政部重視
的程度是與時俱進的。若觀察《條例》修訂後社團管理的排序，
民政部加強管理社團的作為就更加明顯，因為自一九九九年至
二○○二年的四年間，不論統計公報所公布的工作內容有幾
項，「民間組織（社團）管理」都高居工作排序的第一位，直
到二○○三年「民間組織（社團）管理」的排序才重新回到《條
例》修訂前的第五位。這也意味著中國大陸民政部在經過四年
對社會團體管理的治理整頓之後，大致滿意執行成果，故無需
將該工作列為最優先順位來處理。[31]

《社會團體登記管理條例》經過修訂之後，民政部即對社
會團體進行治理整頓，其立即而明顯的效果就是中國大陸社會
團體增加的數目呈停滯狀態。從表 3-1 很明顯地可看出自一九

---

30 時正新編，《中國社會福利與社會進步報告 1999）》，頁 96；孫立平，
　　〈民間公益組織與治理：希望工程個案〉，俞可平編《中國公民社會的興
　　起與治理的變遷》，（北京：社會科學文獻出版社，2002 年），頁72。
31 有關中國大陸民政部所公布民間組織（社會團體）管理的排序，請參閱
　　http://www.mca.gov.cn/mztj.

表格 3-1：中國大陸自一九九四年起之社團數目

年份	1994	1995	1996	1997	1998	1999	2000	2001	2002
社團總數 (萬個)	17.5	18.1	18.5	18.1	16.6	13.7	13.1	12.9	13.3
全國性 社團數目	1735	1814	1845	1846	1849	1849	1528	1687	1712

資料來源：中國大陸民政部網站http://www.mca.gov.cn/mztj

九八起社團數目呈現遞減狀態，直至二〇〇二年才緩慢回升，社團數目減少幅度最大的莫過於一九九八年至一九九九年間，減少幅度高達百分之廿一，由此可知民政部治理整頓社團的力道。不過全國性社團數量減少幅度最大的年份卻是在　九九九年至二〇〇〇年間，主要是全國性社團涵蓋範圍較廣，自然清理所需的時間較長，這也是為何民政部在其二〇〇〇年所公布的「民政事業發展統計公報」中，特別提及「社團清理整頓工作基本結束，社團結構趨於合理，整體質量有所提高」。[32]所以儘管中國大陸的改革開放政策促使社會團體蓬勃發展，一旦中國大陸政府要對其治理整頓，很快地就可以在短時間內收效。

　　一九九八年的《條例》更著重的是入口管理，而非過程監督，而其所產生效果如次：第一，基本上與各國對 NGO 的態度與法規政策體系之趨勢相互違背，該等體系是在簡化和放鬆對 NGO 登記註冊手續，同時加強對其在開展活動及組織運作動態過程的監督與評估。[33]第二，將政府有限的資源浪費在如何限制

---

[32]　請參閱中國大陸民政部http://www.mca.gov.cn/mztj/b29.htm.
[33]　王紹光、王名，〈促進我國民間非營利組織發展的政策〉，王名編《中國非政府公共部門》，（北京：清華大學出版社，2003 年），頁 67-68。

民間非營利組織的成立上，一方面導致許多社會團體不能透過
合法管道登記註冊，進而尋求其他權宜之計；另一方面也難以
對社會團體進行有效的過程監督與管理。[34]目前國家採取此種手
段管理社團，以其現有能力自然不成問題，可是當此社團登記
需求愈來愈強烈而不能被滿足時，國家將面臨嚴峻的考驗。

---

[34] 同上註。

第四章　部分省市行業協會之比較分析

第一節　行業協會之基本狀況

　　行業協會根據學者的定義，係指具有同一、相似或相近市場地位的經濟行為人，為促進共同利益而組織的集體性組織。[1]根據上述定義，行業協會形成及其作用應包含：一是必須以同行業的企業為主體；二是必須建立在自願的基礎上；三是必須以謀取和增進全體會員企業的共同利益為宗旨；四是一種具有法人資格的經濟社團。[2]

　　此外，行業協會基本上是透過兩種方式，來發揮其應有的作用。一方面是透過資源共享實現規模經濟效益，如蒐集行業訊息，向政府部門提供政策建議或代表企業處理外貿糾紛等；另一方面，行業協會能夠解決行業的某些外部性問題，進而發揮彌補市場缺陷，代替政府更有效地提供某些公共財的作用。[3]換言之，行業協會可以彌補政府工作之不足，進而為同業創造有利之企業經營之環境。這樣的設定，就似乎已預設行業協會的實際可能的運作模式，相關問題也就因此相應而生。

---

[1]　華監武著，《社團革命：中國社團發展的經濟學分析》，（青島：山東人民出版社，2003 年），頁 164；李建軍，〈轉型期行業協會在中國的發展：廣東省的行業協會〉，王名編《中國非政府公共部門》，（北京：清華大學出版社，2003），頁 221。

[2]　華監武著，《社團革命：中國社團發展的經濟學分析》，頁 165。

[3]　李建軍，〈轉型期行業協會在中國的發展：廣東省的行業協會〉，頁 222。

　　華監武認為行業協會目前存在問題主要有四：數量偏少、
分布不盡合理；行業代表性差、權威性不高；功能不健全、作
用不明顯；行政色彩重、依附性強。[4]李健軍針對廣東省行業協
會進行分析時，指出自治能力差，與政府、企業關係曖昧；會
員覆蓋面窄，協會的社會認可度低；能力建設狀況不宜樂觀，
工作開展困難等，均為該行業協會存在之問題。[5]由此可知，自
治能力或獨立性不足，以及社會認同度或代表性不足，是行業
協會普遍存在的問題，例如在賈西津針對溫州行業協會所作的
研究中也指出，獨立性與認可度不足是七項問題中的二個問
題。[6]

　　若我們以 Joel S. Migdal 對於國家能力強的三項指標——社
會大眾對國家要求的配合度愈高、被國家動員的程度愈高，對
於國家法令的接受程度愈高，來檢驗中國大陸行業協會的實際
運作狀況，就可發現該等協會基本上符合三項指標的要求。因
為配合國家的要求，所以獨立性普遍不足；因為被國家動員程
度高，所以廣東省級 112 行業協會中，有 103 個是政府倡議成
立的；[7]因為對於國家法令的接受程度愈高，代表性就不足。所
以，行業協會是強國家、弱社會的典型模式之一。

---

[4]　華監武著，《社團革命：中國社團發展的經濟學分析》，頁 170-171。
[5]　李建軍，〈轉型期行業協會在中國的發展：廣東省的行業協會〉，頁
　　233-237。
[6]　賈西津，〈個體經濟背景下行業協會的發展：溫州市的行業協會〉，王名
　　編《中國非政府公共部門》，（北京：清華大學出版社，2003），頁 259-261。
　　另外，王名、劉國翰、何健宇針對遼寧省國際貨運代理協會進行個案分析
　　時，亦認為獨立性差是該協會的重大問題，下一步組織變革應充分考慮真
　　正代表大多數會員利益、促進行業整體發展、吸引會員企業主動參與，請
　　參見王名、劉國翰、何健宇，《中國社團改革：從政府選擇到社會選擇》，
　　（北京：社會科學文獻出版社，2001），頁 192-193。
[7]　李建軍，〈轉型期行業協會在中國的發展：廣東省的行業協會〉，頁 233。

第二節　部分省市行業協會實際運作分析

　　社團自主性是指社團按照自己的意志開展活動、不受其他個人或機構之干擾，而可決定自己內部事務。[8]為達成自己決定內部事務的要求，基本上要觀察三項因素，一是開展活動的主要方式是否以自發性為多，或者是以配合政府需求為多；二是領導人事的產生是會員自選，或者是政府指派；三是經費是各種服務費或會費收入，或者是由政府補助。儘管有部分學者認為經費是否自主，與社團是否具有自主性沒有必然的關係，[9]但當學者在探討行業協會自主性時，經費自主是判斷是否具備自主性的重要條件之一，例如賈西津即表示，協會通過會費、服務收入自收自支，國家不出一分錢，實際上加強協會的自主性。[10]以下將就此三面向，來檢驗部分省市行業社會是否具備自主性。

一、開展活動方面

　　廣東省 112 省級行業協會開展活動的主要方式是蒐集資料、提供信息、調查研究、出版刊物、開展宣傳、向有關部門提供政策建議、組織會員進行考查和人員培訓等工作，另有 20 個協會受政府委託，協助政府有關部門進行管理工作，如產品

---

[8]　王名、劉國翰、何健宇，《中國社團改革：從政府選擇到社會選擇》，頁126。

[9]　同上註。

[10]　賈西津，〈個體經濟背景下行業協會的發展：溫州市的行業協會〉，王名編《中國非政府公共部門》，（北京：清華大學出版社，2003），頁261。另外王紹光亦認為經費不自主，就無法自主性設定自己的議程，請參閱 Shaoguang Wang, "Money and Autonomy: Dilemma Faced by Nonprofit Sector," The Chinese University of Hong Kong, 2000, www.cuhk.edu.hk/gpa/wang_files.

質量認證、企業許可證發放等。[11]其中又以蒐集資料、提供信息、調查研究、出版刊物等活動為主，以發揮中介性、協調性的作用。[12]究竟這樣的活動方式是代表協會本身的自主性，亦或只是協助政府發揮某些功能？

根據華監武針對浙江省 140 家行業協會所作研究的結果顯示，該省大部分行業協會是由政府主管業務部門所組建而成，主要是為本行業企業提供信息溝通、行業調查統計等方面的服務，雖為發展經濟發揮一定的積極作用，但愈來愈不符合市場經濟體制的要求。[13]換言之，僅僅是提供信息溝通與調查統計服務，顯然是無法滿足市場快速變遷的要求，若行業協會自主性高，自然而然會設法順應市場的需求以發揮新的功能，如今無法做到，顯然與其自主性受限有關。這也就是為何華監武會得出下述結論：「一般行業協會為會員服務面窄力弱，致難以發揮自律、協調作用。」[14]

不僅如此，即使是被華監武認為是比較能夠適應市場機制運作，主要分布在浙江溫州、台州一帶的自發性行業協會，[15]就其活動方式而言，實際上同樣面臨自主性不足的問題。根據調查研究，溫州市行業協會的主要活動包含以下幾方面：維持行業競爭秩序和實施行業自律、維護新產品開發權益、為會員提供信息及培訓等服務、協調政府、企業、公眾之間的關係以及作為政府的助手，發揮較大的行政管理職能。[16]溫洲市行業協會

---

[11]　李建軍，〈轉型期行業協會在中國的發展：廣東省的行業協會〉，頁 231。
[12]　同上註，頁 232。
[13]　華監武著，《社團革命：中國社團發展的經濟學分析》，頁 169。
[14]　同上註，頁 170-171。
[15]　同上註，頁 169。
[16]　賈西津，〈個體經濟背景下行業協會的發展：溫州市的行業協會〉，頁

的主要活動，看似不僅僅止於提供訊息及宣傳而已，然而若深究，亦會發現實際上仍然存在偏重為政府機構服務的現象，無法準確、及時反應企業的問題。[17]

連被視為改革開放以來是中國大陸社會主義建設的排頭兵，市場經濟體制建設較為完善的廣東省行業協會，以及比較能夠適應市場機制運作的浙江溫州行業協會，都免不了必須為政府機構服務，其他地方的行業協會就更免不了了。以遼寧省國際貨運代理協會為例，該協會形式上從遼寧省外經貿廳獨立出來，但其活動仍受省外經貿廳控制，其行為方式受到政府部門的深遠影響，帶有強烈的行政氣息。[18]目前該協會會員參與協會活動仍只是一種形式，為促進會員有效參與，學者指出協會應充分考慮通過真正代表大多數會員利益、吸引會員企業主動參與的辦法。[19]

由上述三個行業協會之活動方式分析，其所能掌握活動自主性相當有限。協會所能提供給會員的，只有各種信息與服務或宣傳，至於能否協助會員解決重大爭議，如房屋拆遷等問題，仍需看當時各方的條件，才能決定協會是否能發揮其應有的作用。

二、主要領導的產生方式

根據現有資料分析，廣東省 112 行業協會中，有 29 個協會的領導是根據章程通過民主選舉產生的，有 32 個協會的領導是

　256-257。
[17]　同上註，頁 259。
[18]　王名、劉國翰、何健宇，《中國社團改革：從政府選擇到社會選擇》，頁192。
[19]　同上註，頁 193。

表 4-1：廣東省行業協會領導人產生方式與比例

領導人產生方式	所佔百分比%
根據章程通過民主選舉產生	26
業務主管單位提名後採民主程序產生	29
發起人單位提名後經民主程序產生	38
直接由業務主管單位任命	7

資料來源：李建軍，〈轉型期行業協會在中國的發展：廣東省的行業協會〉，
　　　　　頁 231。

由業務主管單位提名後採用民主程序產生，有 43 個協會的領導
是由主要發起人單位提名後經民主程序產生，有 8 個協會領導
直接由業務主管單位任命。[20]有關領導人產生方式與比例，請參
見表 4-1。由此可見，協會領導人在產生方式仍然帶有濃厚的行
政干預色彩，[21]其自主性有限，就不特別令人覺得意外。

　　當然，廣東省行業協會領導人的產生方式，帶有濃厚的行
政干預色彩並非特例。在溫州市三種類型的行業協會中，第一
類是同行業業主發起而組成，但邀請政府主管部門委派官員任
祕書長的情形所在多有；第二類是按政府要求組建，會長由行
業主管部門政府機構委任，工作人員由政府行政主管部門或所
屬國有企業在職和退休專業人士組成。[22]此種主要領導人士，如
會長、祕書長仍由公務員擔任的情形，亦被視為是溫州市行業
協會進一步開展行業管理的主要問題之一。[23]

　　此種現象亦可見於其他地方的行業協會。1994 年成立之遼
寧省國際貨運代理協會，第一任領導班子基本上全部都是政府

---

[20]　同上註，頁 230。
[21]　同上註。
[22]　賈西津，〈個體經濟背景下行業協會的發展：溫州市的行業協會〉，頁 255。
[23]　同上註，頁 259。

官員。[24]1998 年該協會根據《中共中央辦公廳、國務院辦公廳關於黨政機關領導幹部不兼任社會團體領導職務的通知》之規定，在 2000 年對領導班子進行相應調整。[25]不過，由於規定中留有但書，即「如確有需要，應報同級主管部門批准」，因此主管業務部門並未全部退出領導班子，調整後之領導班子如表4-2。[26]由於政府官員仍佔據主要領導位置，因此表面上協會決策十分民主化和正規化，但實際上決策在相當程度上受遼寧省民政廳和外經貿廳的控制。[27]

表 4-2：遼寧省國際貨運代理協會主要領導兼職情況

主要領導	兼職情況
協會名譽會長	遼寧省對外貿易經濟合作廳廳長
協會常務副會長	遼寧省對外貿易經濟合作廳廳長助理
協會副會長兼祕書長	遼寧省對外貿易經濟合作廳副處長
協會副會長	中國外運遼寧公司總經理
協會副會長	大連中遠國際公司總經理
協會副會長	中國大連外輪代理公司總經理

資料來源：王名、劉國翰、何健宇，《中國社團改革：從政府選擇到社會選擇》，頁 189。

---

[24] 王名、劉國翰、何健宇，《中國社團改革：從政府選擇到社會選擇》，頁188。

[25] 此為中共中央與國務院第二次針對黨政幹部不得兼任民間社團職務發出通知，上次是 1994 年，請參閱洪大用，〈轉變與延續：中國民間環境運動轉型〉，中國青少年發展基金會編《擴展中的公共空間》，（天津：天津人民出版社，2004），頁 109。有關遼寧省國際貨運代理協會領導班子調整情況，請參閱王名、劉國翰、何健宇，《中國社團改革：從政府選擇到社會選擇》，頁 188。

[26] 王名、劉國翰、何健宇，《中國社團改革：從政府選擇到社會選擇》，頁188-189。

[27] 同上註，頁 192。

　　依據上述分析意見，我們基本可以同意華監武對於行業協會之研究結論，即在體制內產生的行業協會，原本就延伸部分政府的管理職能，若再加上協會領導由政府主管部門任命，其結果就是大多數行業協會難以形成面向全行業的建全組織。[28]另外一方面，華監武亦表示因任命的協會領導普遍缺乏企業家式創新激勵，故在努力擴大其社會合法性，透過提供有效功能供給，以增加會員或潛在會員對協會信任，進而積極參與協會的活動，就變得異常困難。[29]

　　更極端的例子莫過於雲南省保山市芒寬鄉百花岭村之「高黎貢山農民生物多樣性保護協會」，該協會雖非我們一般的行業協會，但其領導人士產生方式，卻值得作為比較分析的案例。根據康曉光的調查研究顯示，該協會的主要領導理事長、副理事長和祕書長的人選，在召開第一次會員大會之前，就已經決定由村支部書記、村長及文書擔任。[30]即使是被公認為積極參與協會之活躍分子，在被問到協會領導如何產生的問題時，他的答案卻是村干部擔任協會的主要領導是很自然的事情，縱然是選舉也是同樣的結果。[31]換言之，我們從領導人產生方式這個角度觀察，行業協會的自主性實在非常有限。

三、經費自主性探討

　　以 2000 年為例，廣東省行業協會主要收入來源為服務性收

28　華監武著，《社團革命：中國社團發展的經濟學分析》，頁 173。
29　同上註。
30　康曉光，〈滲透與同化：雲南省保山市芒寬鄉百花岭村之「高黎貢山農民生物多樣性保護協會」考察報告〉，中國青少年發展基金會編《擴展中的公共空間》，（天津：天津人民出版社，2004），頁 79。
31　同上註。

表 4-3：廣東省行業協會收入來源與比例

收入來源	所佔百分比%
服務性收費	41.55
會費收入	35.87
政府撥款	12.50
企業資助	10.08

資料來源：李建軍，〈轉型期行業協會在中國的發展：廣東省的行業協會〉，頁 227-229。

費和會費收入，分別佔總收入的 41.55%及 35.87%，其次為政府撥款和企業資助，各項收入比例如表 4-3。[32]因廣東省行業協會的經濟主要來源為本身的服務收入及會費收入，兩者合計 77.42%，充分說明廣東省行業協會在財政上已具備自主性，雖然經費自主不代表可以完全主導本身所從事的活動，因為必須考慮其他因素，但是對於本身舉辦某些自主性活動的確是有所助益的。

　　上海市行業協會及溫州市行業協會在經費自主性方面，就不如廣東省行業協會那樣地幸運。上海市 49 家工業行業協會當中，會費收繳不足 50%的有 13 家，收繳率在 50-80%的有 25 家，平均收繳率僅為 61.2%，再加上國家的財政補貼有限，使得上海市行業協會的經費無法達到自主性的要求。[33]至於溫州市行業協會亦存在會費收入普遍不足的問題，有些大企業利用資金優勢當選會長，使企業自身從中獲利，而不是為廣大的會員服

---

[32] 李建軍，〈轉型期行業協會在中國的發展：廣東省的行業協會〉，頁 227-228。

[33] 華監武著，《社團革命：中國社團發展的經濟學分析》，頁 173。

務，[34]進而使得行業協會的自主性受到另外一種的影響，成為該行業協會面臨諸多問題之一。

就如同王紹光在其研究中所言，各種非營利性社團必須仰賴各種財政收入才得以維持本身的運作，但是一旦接受過多支助，本身所設定的議題或想舉辦活動難免會受到贊助者的左右，這就是非營利性社團所面臨的困境。[35]至於如何解套，王紹光的建議是要使經費來源多元化，如此方可維持非營利性社團本身的自主性。[36]這樣的建議應屬中肯，當經費來源多元化之後，將不會出現單一贊助者要求社團按照其意見運作，不過，若社團能靠會費收入及服務性收費即能維持本身運作，相信就能達到自主性的要求。因為如以 1993 年美國慈善性非營利性組織的收入來源為例，其服務收入的比重為 71.3%，[37]而其自主性是無庸質疑的，所以如何透過會員參與及增加服務性收入，才是確保經費自主性的根本。

第三節　意涵與影響

不論我們是從各省市行業協會的主要活動方式、主要領導的產生方式及經費自主性方面觀察，除了廣東省行業協會在經費自主性方面較有成就外，其餘部分的自主性均極為有限。造

---

34 賈西津，〈個體經濟背景下行業協會的發展：溫州市的行業協會〉，頁 259。
35 請參閱 Shaoguang Wang,"Money and Autonomy: Dilemma Faced by Nonprofit Sector," The Chinese University of Hong Kong, 2000, www.cuhk.edu.hk/gpa/wang_files.
36 同上註。
37 李建軍，〈轉型期行業協會在中國的發展：廣東省的行業協會〉，頁 229。

成此種現象的原因當然是多重的，但主要來自於兩方面，一方面是受限於行業協會本身成立的背景與特性，另一方面是國家在釋出管理職能時，政策出現矛盾的現象，若再加上行業協會本身並無衝破此種限制的打算，行業協會本身的自主性就自然而然受到國家相當的限制。

一、官、民二重性的限制

　　與其他社會團體一樣，行業協會亦具備官、民二重性，主要表現在人事與經費方面。就人事方面而言，行業協會主要領導的產生依據章程規定，會長、副會長必須由理事會選舉產生，但事實上很少有企業家擔任協會的會長或副會長，大多數協會的會長都由政府相關領導擔任，例如上海市工業經濟協會會長，即由市經委主任擔任。[38] 上節所述之廣東省行業協會等主要領導產生方式亦復如此。另外，國家為了要扶持行業協會的發展，採取安排人員進駐協會的辦法，而協會祕書長往往由此類人擔任，其影響就是強化協會的官辦色彩，使協會日常工作由國家控制的可能性大增。[39]

　　就經費方面而言，目前經費不足仍是協會開展工作的重要因素。[40] 由於中國大陸國務院民政部對會費收入有明確限制，因此會費收入僅佔協會開支的很小部分，行業協會成立初期往往在較大程度上必須依賴政府，隨著工作逐漸開展，才能拓寬贊

---

[38]　孫炳耀，〈行業組織與經濟領域中的民間治理〉，俞可平編《中國公民社會的興起與治理的變遷》，（北京：社會科學文獻出版社，2002年），頁135。

[39]　同上註，頁136。

[40]　同上註。

助費、諮詢費等民間經費來源。[41]像廣東省行業協會能夠具備經費自主性條件的行業協會並不多見,即使如上海及溫州等經濟較發達地區之行業協會,尚無法完全具備經費自主性的條件,其他經濟不發達地區,其經費自主性就更不容易具備。

當然行業協會之經費自主性,不僅是相對於政府的經費援助必須自主,另外相對於大企業的捐助亦必須自主,否則即使活動不受政府影響,亦可能完全受制於大企業,而無法反映廣大會員的需求,這也就是學者指出的必須採取「雙自主」的原則—即自主於政府與企業之外。[42]

二、政策出現矛盾的影響

至於政府成立行業協會的目的有二:一是為了精簡政府經濟主管部門;二是為了克服政府行業管理日益失效的問題。[43]然而政策出現矛盾,卻使當初政府希望達到的目的無法完全達成。其政策出現矛盾,根據華監武的研究,主要表現在下列五方面。[44]

首先,政府強調行業協會對政府的輔助和保有國有企業利益的作用,忽略行業內所有企業的共同利益,引起企業反感和抵觸。其次,將行業協會與其他社團組織混合管理,忽略其對建立新市場秩序的獨特作用,延緩有關行業協會專門立法的過程。第三,雙重管理機制在防止社會組織快速發展,危及政府的合法性,使行業協會無法履行其契約及民主原則,難以真正

---

[41] 同上註。
[42] 沈恒超、王名,〈政府引導、自下而上:溫州市烟具行業協會〉,王名編《中國非政府公共部門》,(北京:清華大學出版社,2003),頁281。
[43] 孫炳耀,〈行業組織與經濟領域中的民間治理〉,頁144。
[44] 華監武著,《社團革命:中國社團發展的經濟學分析》,頁176。

成為會員企業信賴的組織。第四,對行業協會課以稅收及鼓勵其經營實業,實際上混淆了行業協會非營利性質,造成其功能不彰。第五,由直管行業協會代行政府主管部分對其代管行業協會進行先期審查,動搖其生存和發展的基礎。

由此可知,國家在鼓勵行業協會發展時,亦必須防止該等協會危及政府合法性,進而使得行業協會無法真正地發揮其應有的自主功能。協會只有代表會員企業的利益提供服務,才能真正體現民間自主性,然而 20 年來中國大陸行業協會在此方面進展不夠快,作為民間自治組織的意味較淡;作為政府管理助手的意味較濃。[45]

三、行業協會對體制之反應

基本上,行業協會對於現行國家管理體制,基本上採取配合的態度,就如同被公認為積極參與協會之活躍分子,都會認為村幹部擔任協會的主要領導是很自然的事情,縱然是選舉也是同樣的結果。因此,我們分析的結論與孫炳耀針對行業協會的特性所作的描述是相近的,亦即「儘管擁有自主權的企業是社會組織的現實基礎,但在中國現有的政治格局下,它們不可能起到『壓力團體』的作用而自我開闢民間自治的道路。」[46]行業協會無法成為壓力團體向國家施壓以改變政策取向,個別成員認為領導人士由官員兼任屬理所當然之事,均與中國大陸社會仍充斥著臣屬型政治文化有關,若不在制度上進行某些配套變革,類似情況將持續一段時間。

---

[45] 孫炳耀,〈行業組織與經濟領域中的民間治理〉,頁 148。
[46] 同上註,頁 149。

　　中國大陸行業協會大致可分為兩類，一類是「自上而下」，由專業經濟部門改革為國有事業單位，或由政府創辦作為政府的附屬機構；另一類則為「自下而上」，在企業中自發成立。[47]「自上而下」的協會受到政府影響是極為自然之事，但即使是「自下而上」的協會，亦會因職權不到位、需要透過政府爭取資源等因素，而不得不在一定程度上依附政府，進而造成行業協會普遍自主性不足的現象。[48]

　　經濟發展在中國大陸可以說是一切施政的中心，行業協會的自主性發展明顯對經濟發展有利，但由於擔心行業協會發展失控，進而對政權穩定造成影響，國家對之仍採取限制性發展措施。此種限制性發展措施不僅發生在管理行業協會上，亦發生在同樣有利於促進經濟發展之私營企業協會與個體勞動者協會身上。下一章將針對北京市私營個體經濟協會及上海市個體勞動者協會進行個案分析比較。

---

[47]　沈恒超、王名，〈政府引導、自下而上：溫州市烟具行業協會〉，頁 281。
[48]　同上註。

第五章　北京市私個協與上海市個協之分析

　　為了實際瞭解中國大陸社會團體在改革開放後的運作,本文將針對一南一北的兩個社會團體及其活動特點進行分析,以試圖解釋社會與國家之間在歷經二十餘年的改革開放後到底經歷何種變化。本章將先後根據訪談資料,針對「北京市私營個體經濟協會」(以下簡稱北京市私個協)及「上海市個體勞動者協會」(以下簡稱上海市個協)社會團體的發展及活動特點。

第一節　北京市私營個體經濟協會

一、組織架構與功能

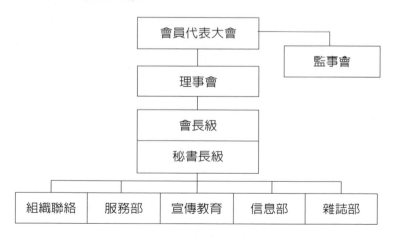

圖 5-1：北京市私營個體經濟協會組織架構圖

資料來源：北京市私營個體經濟協會網站

　　由圖 5-1 很明顯地看出，會員大會是北京市私營個體經濟協會的最高權力機關，每五年召開會議一次，主要職責有制定、修改章程；選舉和罷免理事、決定會長、副會長、秘書長人選；決定協會工作任務和工作方針；審議理事會的工作報告；通過重要決議案；決定協會重大變更和終止案以及其他職權，現有會員百萬人。[1]

　　理事會及監事會均由會員大會選出，任期五年，其所負之職責分別如次：理事會行使職權：貫徹、執行會員代表大會通過的各項決議；對協會活動進行集體領導和監督；委任副秘書長，確認常務理事人選；審批會員；對內部辦事機構和分支機構進行管理，委任有關負責人選；建立以人，財、物為重點的內部管理制度；制定每屆理事會的工作計畫；籌備召開會員代表大會並報告工作；接受國內外對發展個體私營經濟的捐贈；其他職責。監事會行使職權：選舉產生監事長；出席理事會（或常務理事會）；監督協會及領導成員依照《章程》和法律、法規開展活動；監督協會財務狀況；對協會及其領導成員違法亂紀行為提出處理意見，提交理事會（或常務理事會），並監督其執行。

　　另外，設立法定代表人會長，行使下列職權：召集和主持理事會和常務理事會；檢查會員代表大會、理事會（或常務理事會）決議的落實情況；代表協會簽署和頒布有關重要文件；提名秘書長、副會長人選，交理事會（會員大會）決定；[2]處理

---

[1]　請參閱北京市私營個體經濟協會章程http://www.gczl.com.cn/intro/zc3.htm

[2]　依據北京市私營個體經濟協會章程十二條規定「會員大會決定副會長、秘書長人選」，可是第十六條會長的職責內又有「提名副會長、秘書長交由理事會決定的內容」，顯然職責有衝突之處。不過，若參照十三條理事會職責「委任副秘書長，確認常務理事人選」之條款，則副會長、秘書長應由

其他有關重要事務。秘書長行使下列職權：主持辦事機構開展日常工作；組織實施年度工作計畫；協調內部各機構開展工作；提名副秘書長及各機構主要負責人選，交理事會或常務理事會決定；處理其他日常事務。

二、理事成員分析

　　根據北京市私營個體經濟協會章程十三條規定，理事會是「會員代表大會閉會期間的執行機關」，由此可知會員大會固然是協會最高權力機關，但因其五年才開一次會，所以理事會才是協會的運作重心，也因此理事會是否具有官方身分，間接就影響協會在運作過程中的自主性。表 4-2 為北京市私營個體經濟協會理事會成員，在八十三位理事之中，有十三位官員，擔任地方人大及政協委員人數共有廿四位，若再加上會長、副會長及兩位秘書長，合計四十一位，約佔百分之五十，只比半數少一位，比例不可算不高，但是若是以常任理事是否擔任官員，若兼任地方人大及政協委員之人數，更可看出其濃厚的官方色彩。

　　在三十四位常務理事當中，官員有四位，兼任人大代表及政協委員人數有十七位，若再加上會長、副會長二位，總計具有官方身分者有廿三位，佔所有常務理事的百分之六十八。所以一旦召開常務理事會，毫無疑問地官方的意見是佔多數，民間聲音到底能發出多少就不言可喻了。

　　會員大會決定才合理，理事會決定應為誤植。北京市私營個體經濟協會章程請參閱http://www.gczl.com.cn/intro/zc3.htm

表格 5-2：北京市私營個體經濟協會第四屆理事會理事名單

	姓名	職務	字型大小	經營地址	備註
1	胡大鵬		光偉電器綜合服務部	東城區東四南大街240號	市人大代表
2	田豐		芳園餐廳	朝內南小街85號	
3	陳銀風		新思思酒家	東單北大街66號	區政協委員
4	宗明傑	總經理	北京海誠電訊技術有限公司	安定門外小黃莊一區15號	
5	王曦	董事長	巨集林辦公設備有限公司	安外小黃莊一區8號樓	市人大代表
6	鄭寶玲	經理	宜琴飯店	朝內小牌坊胡同7號	區政協委員
7	任忠義	經理	寶通世捷商貿有限公司	西城區新文化街125號	
8	滿春傑		福滿樓涮肉館	地安門內大街36號	市政協委員
9	李淩	董事長	北京瀚特藝術有限公司	海澱區阜成路甲三號校開工廠小樓	區政協委員
10	趙德立	董事長	北京京藝工貿有限公司	兵馬司胡同47號	
11	趙偉明		東大地電氣焊綜合修理服務部	崇文區東大地68號	區人大代表
12	李躍	經理	北京市"茶湯李"飲食有限公司	宣武區太平街12號	市人大代表
13	袁國華		龍風齋	宣武區東琉璃廠93號	區政協委員
14	王振宇	總經理	信一淨化美飾工程有限責任公司	亮馬河大廈寫字樓B201	區政協委員
15	陳秀清		愛華食品店	安華里5區9號樓1門101號	
16	揚獎旗		六裏屯佳友裝飾部	朝陽區熱廠路西側	
17	王金霞		正陽柴油泵修理部	朝陽區揚閘村	

18	徐金泉		獨一處眼睛店	朝陽區和平里西街	
19	葉青	董事長	北京葉氏企業集團有限公司	朝陽區望京北路9號葉青大廈A座6層	市政協委員
20	張世傑	總裁	北京金吉列企業集團有限公司	建國門外大街永安東裏米陽大廈5層	市人大代表
21	聶啟明	董事長	天利科技有限公司	麥子店西路3號新恒基國際人廈311室	
22	鮑曉康		曉康氣配摩配中心	北宮門大地飛馳摩托車經銷部	
23	李稷		吉龍堂工藝美術服務部	永安路西裏小區8號樓311室	
24	柴房幽		芳雪藥店	西苑同慶街1號	
25	張長平		士和汽車修理部	廠窪街一號院後門	
26	郝治國	總經理	意愛爾公司	香山南路禮王墳中一號	
27	張葆寧	總經理	玉淵潭特藝有限責任公司	海澱區吳家村路10號院12號樓1106房	市政協委員
28	原永民	總經理	科源輕型飛機實業有限公司	知春裏乙18號	市政協委員
29	魏建華	董事	綠海化學公司	海澱區永豐科技園	
30	王文京	董事長	北京用友軟體股份有限公司	上地資訊產業基地開拓路15號	全國人大代表
31	張慶生		曉馨美術服務部	右安門外大石橋185號	區政協委員
32	方秀蘭		秀蘭食品部	豐台花鄉郭公莊街	
33	劉寶才		春來飯莊	太平橋小區204	
34	王家喜	經理	豐田彩色擴印服務有限公司	世界公園國際街B4號	市人大代表
35	王得意	總經理	北京市歐亞裝飾工程有限公司	西三環南路東管頭水頭莊159號	
36	趙富春		春藝圖片社	蘋果園東下莊	
37	黃永傑		八角夢思鮮花禮品	古城南路一棟99號	

			店		
38	穆麗傑	經理	北京市愛儂家政服務有限公司	石景山區古城東街52號	市人大代表
39	揚政		和順商店	門頭溝軍響鄉軍響村	
40	杜廣喜		精益衡服務部	門頭溝區增產路88號	
41	石秀英	董事長	北京恒族源工貿有限公司	門頭溝永定鎮石廠村	
42	唐金玲	董事長	金玲商店	房山琉璃河長街 2號	
43	張彥青	廠長	彥青水磨石廠	房山區南尚樂鄉下灘村	區政協委員
44	王寂	經理	美峰精實傢俱有限責任公司	房山區韓河村鎮西東村	區政協委員
45	趙金	校長	新星職工技術培訓學校	通州梨園地區九棵樹村73號	
46	馬文彥	廠長	飛馬造紙廠	通州區次渠鎮董村東	區政協委員
47	趙容俠		安定容俠服裝部	大興縣安定鎮湯營村	
48	宋薛		大興宋記保險櫃修理部	大興縣黃村新華書店內	區政協委員
49	朱金玉	廠長	大興騰達印刷廠	大興縣太和鄉四海寺	
50	張自峰		龍岩綜合商店	昌平八一農業機械學校內	
51	李淑英		精時鐘錶服務部	昌平沙河鎮鞏華城大街31號	
52	張寶貴	經理	寶貴造石藝科技公司	昌平鄧莊石藝科技公司	
53	吳雅賢		文惠酒家	順義區揚鎮曾莊	

54	王友發		冀東電器修理部	順義區便民街	區政協委員
55	李懷東	經理	順義昌工貿公司	順義區馬坡鎮	
56	郭獻福		北京國府發建材經銷部	懷柔縣廟城綜合市場	
57	馬國芬		火車站副食小賣部	懷柔縣火車站廣場	
58	胡啓富	廠長	北京繡蘭時裝有限公司	揚宋鎮風翔科技開發區	
59	王憲文		文蘭針織部	平谷縣仿古農貿市場	
60	張闊海		龍海綜合商店	平谷縣馬昌營村	
61	趙滿榮	董事長	宇泰紡織品有限公司	平谷縣上紙蓋村北	
62	王如意		如意綜合商店	高嶺鎮上旬子村如意綜合商店	
63	馬素珍		新新時裝店	密雲縣城內長安街4	區政協委員
64	李振春	董事長	北京舜豐科技有限公司	密雲縣西賓河路科委二層	
65	連留風		連記蔬菜攤	延慶縣延慶路北街24號	
66	沈興鵬	董事長	同興源茂有限責任公司	延慶八大嶺鎮營城子村	
67	張兆群	副部長	市總工會三資部	台基廠3號	
68	孫廣紅	副處長	市國稅局征管處	車公莊大街10號	
69	李廣信	副科長	市交通局	秩序處副科長	
70	張巨明	部長	團市委城區部	台基廠3號	
71	劉澤軍	站長	市衛生防疫站	和平里中街16號	
72	韓小芳	主任	市計委辦公室	復興門南大街丁2號	
73	李興	副處長	市公安局治安處	德外新民胡同11號	
74	李風敏	處長	市地稅局企業所得稅處	車公莊大街8號	

75	羅宏義	主任科員	市征管委計畫處	西單北大街 80 號	
76	朱榮元	副處長	市勞動局保險處	槐柏樹街 2 號	
77	孫平	宣傳處處長	市精神文明辦	台基廠 3 號	
78	伊續才	處長	市商委服務消費處	東城區柏樹胡同 18 號	
79	趙喜蘭	部長	市婦聯聯絡部	台基廠 3 號	
80	金鑫	會長	市私個協	豐台區菜虎營東街乙 360 號	
81	郭成志	副會長兼秘書長	市私個協	豐台區菜虎營東街乙 360 號	
82	揚端義	副秘書長	市私個協	豐台區菜虎營東街乙 360 號	
83	王京茹	副秘書長	市私個協	豐台區菜虎營東街乙 360 號	

資料來源：http://www.gczl.com.cn/intro/ls.htm;
http://www.gczl.com.cn/intro/ls2.htm
http://www.gczl.com.cn/intro/ls3.htm

表格 5-3：北京市私營個體經濟協會第四屆常務理事會名單

	姓名	職務	字型大小	經營地址	備註
1	胡大鵬		光偉電器綜合服務部	東城區東四南大街240 號	市人大代表
2	田豐		芳園餐廳	朝內南小街 85 號	
3	王曦	董事長	巨集林辦公設備有限公司	安外小黃莊一區 8 號樓	市人大代表
4	滿春傑		福滿樓涮肉館	地安門內大街 36 號	市政協委員
5	李淩	董事長	北京瀚特藝術有限公司	海澱區阜成路甲三號校開工廠小樓	區政協委員
6	李躍	經理	北京市"茶湯李"飲食有限公司	宣武區太平街 12 號	市人大代表
7	王振宇	總經理	信一淨化美飾工程有限責仕公司	亮馬河大廈寫字樓B201	區政協委員
8	陳秀清		愛華食品店	安華里 6 區 0 號樓 1門 101 號	
9	葉青	董事長	北京葉氏企業集團有限公司	朝陽區望京北路 9 號葉青大廈 A 座 6 層	市政協委員
10	張世傑	總裁	北京金吉列企業集團有限公司	建國門外大街永安東裏米陽大廈 5 層	市人大代表
11	柴房幽		芳雪藥店	西苑同慶街 1 號	
12	張葆寧	總經理	玉淵潭特藝有限責任公司	海澱區吳家村路 10 號院 12 號樓 1106 房	市政協委員
13	原永民	總經理	科源輕型飛機實業有限公司	知春裏乙 18 號樓	市政協委員
14	王文京	董事長	北京用友軟體股份有限公司	上地資訊產業基地開拓路 15 號	全國人大代表
15	張慶生		曉聲美術服務部	右安門外大石橋 185 號	區政協委員
16	王家喜	經理	豐田彩色擴印服務有限公司	世界公園國際街 B4號	市人大代表
17	穆麗傑	經理	北京市愛農家政服	石景山區古城東街	市人大代表

			務有限公司	52 號	
18	揚政		和順商店	門頭溝軍響鄉軍響村	
19	王寂	經理	美峰精實傢俱有限責任公司	房山區韓河村鎮西東村	區政協委員
20	趙金	校長	新星職工技術培訓學校	通州梨園地區九棵樹村 73 號	
21	朱金玉	廠長	大興騰達印刷廠	大興縣太和鄉四海寺	
22	李淑英		精時鐘錶服務部	昌平沙河鎮鞏華城大街 31 號	
23	張寶貴	經理	寶貴造石藝科技公司	昌平鄧莊石藝科技公司	
24	王友發		冀東電器修理部	順義區便民街	區政協委員
25	郭獻福		北京國府發建材經銷部	懷柔縣廟城綜合市場	
26	王憲文		文蘭針織部	平谷縣仿古農貿市場	
27	馬素珍		新新時裝店	密雲縣城內長安街 4 號	區政協委員
28	連留風		連記蔬菜攤	延慶縣延慶路北街 24 號	
29	孫廣紅	副處長	市國稅局征管處	車公莊大街 10 號	
30	李廣信	副科長	市交通局秩序處	車公莊大街 8 號	
31	李鳳敏	處長	企業所得稅處處長	車公莊大街 8 號	
32	孫平	處長	市精神文明辦	台基廠 3 號	
33	金鑫	會長	市私營個體經濟協會	豐台區菜戶營東街乙 360 號	
34	郭成志	副會長兼秘書長	市私營個體經濟協會	豐台區菜戶營東街乙 360 號	

資料來源：http://www.gczl.com.cn/intro/cwls.htm

三、實際運作概況

　　以上是關於「北京市私營個體經濟協會」之靜態資料進行分析，本節將針對北京市私營企業協會實際運作狀況來進行分析。分析的基礎是藉由事先設計的問題，透過對主要幹部進行訪談所獲之資料，訪談問題與訪談紀錄均列為本文之附錄，為避免造成受訪者之困擾，訪談資料不會出現受訪者的身分。

　　首先，我們可以從訪談資料中得知，私營個體經濟協會的前身為個體勞動者協會，一九九六年左右，因為私營企業發展後，個體勞動者協會已不能涵蓋新經濟的出現與運作，於是改為私營個體經濟協會，並且在二○○一年「北京市促進個體私營經濟條例」中專章介紹該協會。該協會主要任務即是組織個體工商戶和私營進行思想教育/管理，扮演政府和個體、私營經濟之間的聯結、橋樑的作用。從其任務區分可看出，協會雖以民間社團對外，但卻扮演非純民間的角色。根據協會主要幹部的說法，吸納新會員的目的不是為了擴大自己的地盤，而是為讓他們團結在黨和政府的周圍，維護穩定。

　　其次，從協會的成立背景亦可看出其非純民間角色的一面，根據訪談資料，協會不是自發成立的，而是在政府的支持和要求下成立的。成立時經過市政府批准，協會領導的任命，尤其是會長的任命都是政府規定的。協會的第一屆名譽主席/會長是北京市副市長，第二、三屆是工商局副局長。現在的會長（第四屆）是專職的，原來是工商局的助理巡視員，副局級幹部。秘書長兼常務副會長任職前原來是工商局的副處長。另有幾位不駐會的副會長，都是私營企業主或個體工商戶，開會時才會出席。協會另請工商局局長擔任顧問，不過工商局局長鮮少過問會務。工商局現仍為協會的領導機構，協會黨組織是接受工商局黨組織的領導，協會領導亦是由工商局提名的，很多協會領導也是工商局過來的。工商局通是透過協會與請示與報告來領導。

第三，從協會的日常活動亦可看出其與官方的密切程度。依照市人大所通過的法規，協會的日常活動如次：一是服務，例如貸款擔保、商品配送、商業活動、商業談判。二是教育，灌輸相關法規之類的。三是宣傳，主要是宣傳個體私營企業的形象，好人好事。四是協調，就是協調個體私營經濟在發展過程中面臨的問題，如拆遷等。五是監督，協調之後就是監督，作好對行政機關侵害個體私營經濟權益的行為進行監督。此外，另接受政府委託辦理一年兩次的聯席會議制度，聯席會係由副市長組織，因涉及多個部門，需要有特定機構辦理祕書業務，該協會就扮演此種角色，故聯席會辦公室即設在該協會，此機制見諸於市政府法規之中。一般性的問題按照日常活動進行，重大問題就要開理事會、常務會討論。大的活動該協會都需要領導的支援，例如開展精神文明建設，優秀私營企業者和優秀個體工商戶，就必須經過有關部門協商討論。

另外，提案及政策諮詢亦是該協會主要工作。照理說協會非政府部門是不可以提案的，但因為在主管副市長之授權下，該協會即具備提案權，如提案解決私營個體經濟的人才問題，找公安局處理在北京開業達到一定時間報戶口問題，三年來已經報 40 多戶的戶口；另外聯繫人事局，利用綠卡來暫時解決外來大學生、家不在北京的、海外留學的等戶口問題。至於政策諮詢工作，例如〈北京市促進個體私營經濟條例〉即由該協會所作的前期調研和起草。現在該協會有感條例部分措施已經不太適用，正在準備起草〈實施辦法〉，因該辦法屬於政府的職權範圍，就不需要通過人大立法。

第四，從其經費來源亦可看出其與官方的密切程度。該協會現有的經費來源有二，分別為行政撥款和會費，由於會員並非涵蓋所有的個體戶與私營企業，將近一半的個體私營企業沒有加入協會，再加上會費還區分檔次，故最主要的來源仍是行政撥款。也正因為是行政撥款的關係，不允許經營企業，故該協會原有一家營利單位—光彩公司，於二○○一年遭到撤銷。至於向外界募款，非留為自用，而是募款給人家使用，如二○○三年非典時期該協組織捐款，數目不小，直接給了醫院。整體而言，協會經費還是比較緊的，主要是因為事業撥款不可能大手筆撥，遇到辦理活動還得另外申請經費。如市長開個座談會，找 100 個企業。協會就得找個像樣一點比如北京人飯店。類似的就要 10 多萬。

第五，唯一比較有自主性的是招募會員及為會員申訴方面，例如企業開業的時候去動員；他們到工商局登記的時候，協會就去宣傳其職能和服務，政府並未動員企業加入協會。至於個體戶及私營企業加入協會的目的就是希望協會能協助解決問題。例如北京朝陽區有一個體戶拆遷，但是沒有得到相應的補償，該協會聽到消息就進行調查，調查完了就提供法律救濟。向政府提出，不補償沒有法律依據。不管補償多少也得補償。沒做好思想工作又沒有補償，損害了個體工商戶的利益；另外在海澱區的三角債所引發的問題，很多人去搶商場，該協會就去勸告大家說要平靜、一定要沿用法律程序。這些都是有利於社會穩定的工作。會員現在所面臨的主要問題是拆遷問題，其次就是貸款問題。協會協助處理場地拆遷後的安置問題，以及成立貸款擔保機構，協助無擔保品的個體戶，提供擔保取得小額、短期的貸款。

最後，協會與工商局之間若於認識上的差異，如何解決爭議？受訪者認為現在全黨在發展私營經濟上一條心，不存在大的分歧。不過，萬一遇到不協調的情況，有兩種方式可解決，一是不透過工商局直接向市長打報告；二是透過聯席會代理會員投訴，代表他們向有關各級部門反映，但僅止於反映，因協會非政權部門，能力有限。由此看來，協會在保障會員權益方面的力量仍然十分有限，這或許是協會無法有效吸引會員加入，以及認為其本身服務面仍然不夠的根本原因所在。

我們不論是從協會的任務或使命、成立背景、日常活動、經費來源、招募會員及為會員申訴，以及處理與政府部門之間爭議方面，都看不出該協會有充分的自主性，尤其是經費係由政府全額撥款，主要領導人事均與工商局有非常密切的關係，自主性有限就不特別令人感到意外。

第二節　上海市個體勞動者協會

與北京市不同的是，上海市個體勞動者協會與私營企業協會分別為兩個不同的單位，前者成立於一九八六年，後者成立於一九九一年，兩者並未因私營企業的發展而合併。[3] 不過，該兩組織部分人員及辦公處所多有重疊，例如上海市徐滙區私營

---

[3]　請參閱上海市個體勞動者協會及私營企業協會之章程
http://shcor.catcher.com.cn/siqi/gtxhjj.htm;
http://www.shcor.com/siqi/syqyjj.htm。

企業協會及個體勞動者協會的祕書長都是丁德明，兩組織並共同設立上海市私營個體經濟編輯部；上海市所屬各區二十個體勞動者協會辦公室地點，有十四個是與私營企業協會辦公室設在同一處。（以上資料詳見表 5-3，5-4）不論從章程及功能觀察，兩者性質大同小異，唯一比較大的差別在於會員對象不同，一為私營企業，一為個體工商戶。所以即使該兩協會分別為兩個單位，但其特性實為一個單位，故只要探討其中一個，當能觀察兩者的運作實況。本節將以上海市個體勞動者協會為研究對象。

一、組織架構與功能

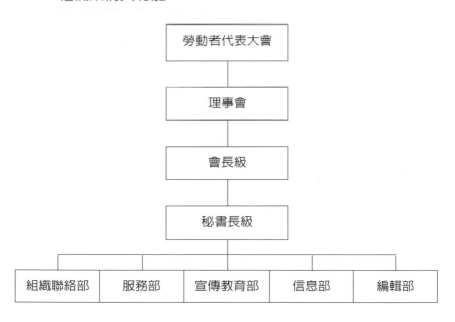

圖 5-2：上海市個體勞動者協會組織架構圖

資料來源：上海市個體勞動者協會網站

　　由圖 5-1 很明顯地看出，與北京市私營個體經濟協會相同，
或甚至在中國大陸所有類似組織之架構均相近。勞動者代表大
會是上海市個體勞動者協會的最高權力機關，每五年召開會議
一次，主要職責有：(一)修改《上海市個體勞動者協會章程》；
(二)討論並決定上海市個體勞動者協會的工作方針和任務；(三)
審議通過上海市個體勞動者協會理事會的工作報告和財務收支
報告；(四)選舉產生上海市個體勞動者協會理事會；(五)討論並
決定上海市個體勞動者協會的其他重要事項。決定會長、副會
長、祕書長人選方面，對於北京市私營個體協會而言，是屬於
會員大會之職權，但在上海市，該決定權屬上海個體勞動者協
會理事會的職權，而非屬於會員代表大會。由此觀之，上海市
個體勞動者協會之一般會員在決定領導人事方面，其自主性要
比北京市私營個體協會來得低。

　　理事會由上海市勞動者代表大會選出，任期為五年。理事
會或常務理事會於代表大會閉會期間，行使代表大會的職權，
負責貫徹執行代表大會的決議，討論和決定協會的工作方針和
任務，增補或撤換因故不能繼續任職之會長、副會長、理事；
另向個體勞動者代表大會負責，並報告工作情況和經費開支情
況。[4]與北京市私營個體經濟協會相較，上海市個體勞動者協會
在簡介及章程中未列理事會對協會活動進行集體領導和監督、
接受國內外對發展個體私營經濟的捐贈等職權，或許是該兩項
職權在上海地區係屬稀鬆平常之事，故無需特別強調，或根本
認為其不具重要性。

---

[4]　請參閱上海個體勞動者協會章程，http://www.shcor.com/siqi/syqyjj.htm。

　　另外，上海個體勞動者協會之組織架構與北京市私營個體經濟協會最大的不同在於缺少監事會之編組，監事會主要的功能在於監督協會及領導成員依照《章程》和法律、法規開展活動；監督協會財務狀況；對協會及其領導成員違法亂紀行為提出處理意見。缺少監事會的組織，理事會的功能又未將「對協會活動進行集體領導和監督」職權列入，顯見上海市個體勞動者在自我監督的制度設計上，與北京市私營個體經濟協會相比有所不足。不強調監督作用的可能性有二：一是協會各級人員奉公守法，所以無需將監督作用列入，二是即使列入亦無法發揮監督效果，索性不列。不論是何種可能性，不列入的結果，對於理事會之自主運作而言，無疑是件好事，因為如此方可在不受限情況下，儘量發揮其服務會員及辦理活動之自由性。

表格 5-3：上海市私營企業協會組織網路

名　稱	地　址	郵　編	秘書長	副秘書長	電　話	傳　真
黃浦區私營企業協會	河南南路 800 號 611 室	200010	陳寶勝		63188282	63188282
盧灣區私營企業協會	巨鹿路 139 號 233 室	200023	王振華		63728538	63728538
徐匯區私營企業協會	零陵北路 1 號 3 樓 308 室	200032	丁德明	張榮祥	64038264、64038361	64038361
長寧區私營企業協會	萬航渡路 1286 號 2 樓	200042	顧榮慶		62400725	62400725
靜安區私營企業協會	新閘路 1636 號	200042	蔡浩麟	衛斌	62531389	62534591
普陀區私營企業協會	千陽路 258 號 3 樓 309 室	200333	施榮華		52707493	52707492

閘北區私營企業協會	陸豐路 100 號（中寶大廈三樓）	200071	李明珠		56980098	56975058
虹口區私營企業協會	玉田路 252 號	200092	俞維玲	陳棣	55899066	55899066
楊浦區私營企業協會	水豐路 180 號	200093	宗思民	陳依	65686011	65680550
寶山區私營企業協會	寶林二村 77 號一樓	201900	姜慶泉	顧金龍	56108921	56108967
閔行區私營企業協會	莘莊鎮莘譚路 435 號莘松市場 3 樓	201100	楊秀雄	陸豪傑	64983912	64924035
嘉定區私營企業協會	嘉戩公路 555 號	201818	瞿華明	劉紅	59516072	59516177
浦東新區私營企業協會	棲山路 171 號 4 樓	200135	刁興權	沈明祖	58213399	58518262
南匯縣私營企業協會	惠南鎮北門大街 56 號四樓	201300	張希梅		58023663	58023690
奉賢縣私營企業協會	南橋鎮西渡（肖塘）社區北虹路 1 號	201401	張國強		37184006	57432663
松江區私營企業協會	松江通樂路 69 號	201401	奚品良		67735901、67735902	67432663
金山區私營企業協會	石化衛零路 485 號	201540	盛國權	倪道根	57968224	57968224
青浦區私營企業協會	青浦鎮青松路 175 號	201700	張偉		59725800-1102	59728337
崇明縣私營企業協會	崇明縣城橋鎮北門路 117 號 602 室	202150	鬱天星	曹建生	59622840	59622840

資料來源：http://www.shcor.com/siqi/syqyjj.htm

表格 5-4：上海市個體勞動者協會組織網路

名　稱	地　址	郵　編	秘書長	副秘書長	電　話	傳　真
黃浦區個體勞動者協會	河南南路 800 號 611 室	200010	張福慶		63188282	63188282
盧灣區個體勞動者協會	巨鹿路 139 號 232 室	200023	趙祝殿		63853547	63728538
徐匯區個體勞動者協會	茶陵路 76 號老大樓 203 室	200032	丁德明	陳友標	64032498	64038361
長寧區個體勞動者協會	安順路 244 號 3 樓	200032	張國琴		62092335	62092335
靜安區個體勞動者協會	新閘路 1636 號	200042		衛斌	62531389	62534591
普陀區個體勞動者協會	北石路 440 弄 22 號 1 樓	200333	施榮華		52814634	52814634
閘北區個體勞動者協會	陸豐路 100 號（中寶大廈三樓）	200071	王鴻喜		56980098	56975058
虹口區個體勞動者協會	玉田路 252 號	200092	俞維玲		55899066	55899066
楊浦區個體勞動者協會	水豐路 180 號	200093	徐永根	蔣海元	65686011	65686038
寶山區個體勞動者協會	寶林二村 77 號一樓	201900	姜慶泉	顧金龍	56108921	56108967
閔行區個體勞動者協會	莘莊鎮莘譚路 435 號莘松市場 3 樓	201100	池明其	金生國	64983912	64924035
嘉定區個體勞動者協會	嘉戩公路 555 號	201818	瞿華明	劉紅	59516072	59516177
浦東新區個體勞動者協會	棲山路 171 號 4 樓	200135	孫如軍	范正強	58512200	58513840

南匯縣個體勞動者協會	惠南鎮北門大街56號四樓	201300	張希梅	蘇正榮	58023690	58023690
奉賢縣個體勞動者協會	南橋鎮解放東路146號	201400	張國強		57420237	37110327
松江區個體勞動者協會	松江中山東路 128號(方塔市場三樓)	201600	徐壽春	夏天龍	57834462	57834495
金山區個體勞動者協會	石化衛零路 485 號	201500	倪道根		57967624	57968224
青浦區個體勞動者協會	青浦鎮青松路 175號	201700	張偉		59725800-3212	59728337
崇明縣個體勞動者協會	崇明縣城橋鎮北門路 117 號 602 室	202150	鬱天星	朱璞	59622840	59622840
上海個體私營經濟編輯部	長安路 1001 號 1 號樓 1822-1823 室	200070			63171293	63176745

資料來源：http://shcor.catcher.com.cn/siqi/gtxhjj.htm

二、實際運作概況

　　與北京市私營個體經濟協會個案分析相同的是，本節將針對上海市個體勞動者協會實際運作狀況來進行分析。分析的基礎是同樣是藉由事先設計的問題，透過對主要幹部進行訪談所獲之資料，訪談紀錄亦列為本文之附錄。

　　首先，我們可以從協會章程及訪談資料中得知，上海市個體勞動者協會是依據中共中央、國務院有關規定，經上海市人民政府批准，上海市社團管理局註冊登記的。協會成立的目的，根據協會幹部的說法，是依據政府提出要求，自我教育，自我管理，自我服務；聯絡廣大非公有制人士，發揮教育群眾，穩定社會、落實政府的各項政策的作用。協會的會長、副會長、秘書長都是政府推薦到協會來任職的，但必須通過由個體勞動者會員大會民主選舉通過。就政府的角度而言，希望協會承擔著幫助政府協調個體勞動者的作用。另一方面，協會亦要發揮代表廣大個體戶利益之作用，代表個體戶與政府溝通。隨著社會的發展，也開始有了一些新的矛盾，個體戶有許多現實的需要，協會必須關注他們的利益，如果脫離了他們的需要，就會失去對他們的吸引力。但如果完全站在個體勞動者這一邊，就不能起到政府希望協會承擔的作用。

從上述訊息觀察，協會扮演政府與個體戶之間的橋樑，一方面協助政府宣達政策，另一方面要解決個體戶的某些困難，可以算是政府的派出機關，但此種說法雖被協會幹部評斷為不夠精確，不過其亦但承此種特性之描述有一定的道理。只是彷彿政府與個體戶之間的關係是零和關係，所以當完全站在個體勞動者一邊，就不能起到政府希望我們承擔的作用。此種說法背後的思維即在於以政府及社會穩定為主體，而非以增加個體戶的利益為主要考量。

其次，從協會的日常活動則明顯可看出其運作仍然是依據官方的要求。例如協會要組織節日聯歡活動，參觀市政建設，有時甚至要組織開追悼會。此外，協會還要評年度個人先進，文明經商，三八紅旗手。協會還設立「愛心服務點」，組織小分隊，前往孤兒院、敬老院、福利院和軍烈屬家庭，作到門服務，以及幫助特困家庭和特困學生、生活窘困的下崗人員。另一方面，會員則希望協會做那些涉及個體勞動者權益的事，諸如市里動遷所產生許多矛盾，就需由協會協助個體勞動者與政府溝通。就以協會樓下的菜市場為例，這幢大樓底層鋪面原來都是菜市場的攤位，後來附近的街道要劃出其中一塊地來做超

115

市賺錢,把攤位減少了,這就影響到了個體勞動者利益,協會就為此代表個體戶向區政府申訴,目前正在解決中。

由此可知,協會日常活動主要有二,一是協助政府推動各種政府無力推動、且不適合推動的聯誼活動;一是協助會員解決影響其權益的問題。第一項工作由於不涉及公權力,只要花時間與少許經費就有成效,但是第二項工作由於涉及公權力問題,能否有具體成效就很難說。協會幹部指出協會代表個體勞動者利益來向政府說話,但往往代表得不夠,協調不夠,主要是協會沒有什麼權,影響力有限。現在個體戶面對許多政府部門要攤派,政出多門,許多部門都伸手向個體戶要錢,這些部門誰也得罪不起。舉實例而言,個體勞動者雇工在八人以下,會員要為職工交納職工勞動保險費,保險費裏有許多是單方面的霸王條款,只由保險公司單方面說了算,花錢多,往往真的出了事,保險公司又拒絕理賠。

另外,有些政府部門的政策不透明,需要協會出面幫助個體戶向政府申訴反映,至於反映能不能上達到政府制定政策者,能發揮多大作用,協會本身並不確定。又如市政動遷問題,涉及到了個體戶切身利益。個體戶經商靠的就是這個街口的營業門面。除了這些店鋪門面,可以說一身一無所有,他們沒有其他技藝,沒有雄厚資金,也沒有社會影響力,這些店面家當一旦被列入拆遷範圍。裝修費、管理費,與客戶建立的聯繫等等,也就同時消失了,什麼都沒有了。可是協會能為他們做的,除了反映還是反映,卻無法聯合個體戶採取激烈抗爭行動以維護權益。

也正因為協會類似派出機關之性質,所以協會幹部認為社團管理登記條例的限制條件,與協會的關係並不大,對協會並沒有什麼影響。協會最大的問題是，在政府與個體勞動者之間定位會有些困難，代表下面利益多了，代表政府方面就少了，代表政府方面多了，下面不一定滿意，總覺得我們沒有盡到自己為個體戶講話的責任，協會對他們的吸引力就少了，如果協會對他們的吸引力少了，會員也就少了，協會的生存也會有困難。至於協會會員會否因為協會無法有效協助其解決問題，進而另組團體，目前該協會並未面臨此種問題，不過據瞭解其他行業協會已出現此種情況，未來是否會擴大，取決於政府、協會及個體戶三者之間的互動關係。站在協會的立場，當然不會希望看到此種狀況出現。

　　第三，從協會經費來源看，上海市個體勞動者協會相對於北京個體私營企業協會而言，具有較高的自主性。因為根據訪談資料過去該協會之運作經費係由政府補貼，現在政府補貼已經全部取消。經費完全靠會費收入，每年協會向每個會員收會費為 180 元，以 8000 多名會員計，合計每年經費收入一百多萬元。辦事人員工資，辦公室租金，以及全部活動開銷，都要在這一百多萬元裏支出，因此對協會整體運作而言，經費還是比較緊的。至於互助性的募捐是有的，因為有的發家致富的個體戶對於社會公益事業的態度，還是相當積極的。例如，最近就有一位發家致富的私有企業主把全區貧困學生一年的中餐費全部包了下來。

　　由於政府希望協會自己解決經費問題，協會因此就必須依靠會員，為了獲得會員的積極支援，協會就要更多地代表會員利益，使協會對會員有更大的吸引力，使會員樂於加入協會，尤其是在會員是自願入會的情況下，如何提供誘因使其加入就更加關鍵。不過，協會幹部亦坦誠，這樣做也不容易。因為協會並沒有什麼權力，許多事情靠協會向上面反應，但反映的效果則並不取決於協會。由此觀察，儘管協會在經費上得以自主，但是在服務會員的功能上卻又彷彿力不從心，未來協會到底是循著服務效果不彰、會員會費減少、政府補助、自主性降低的循環發展，還是循著服務效果顯著、會員會費增加、自主性增強的另一種循環發展，關鍵在於其向政府反映能否具體落實，落實的關鍵在於能否有助於維持社會穩定。

政府既然要求成立此種組織代行某些業務，表示其本身亦有力有未逮之處，若能藉此維持社會穩定，又能減少支出，何樂不為。只是會否因此出現政府難以掌控的情況，則仍視政府如何透過政治及法律手段加以管制，以及協會是否有能力挑戰政府的管控而不受壓制。目前，雖然還看不出上海市個體勞動者協會有此能力，不過與北京同類型社團相比，其自主性顯然已略勝一籌，此應與上海距政治中心的北京較遠，經濟發展程度較北京高有關。

第三節　整體比較分析

從本章兩個個案分析結果得如，個體勞動者協會及私營企業協會雖然被視為是較具自主性的社會團體，但國家仍然透過許多行政手段來控制其社團的發展。

首先，是透過領導人事的進用來管理控制社會團體的活動，以北京個體私營經濟協會固然是如此，位於中國大陸商業大都會的上海市個體勞動者組織亦復如此。連被視為改革開放以來是中國大陸社會主義建設的排頭兵，市場經濟體制建設較

為完善的廣東省，其行業協會領導人的產生，近三分之二直接
來自於業務主管部門的直接派遣或任命，或者由組織負責人提
名並得到業務主管部門的批准。[5]沒有獨立的人事任免權，組織
的執行負責人實際上沒有管理控制權，也就成為缺乏積極性、
創新性、效率低下的原因之一。[6]社會團體領導人在產生方式帶
有濃厚的行政干預色彩，固然與國家欲藉此掌握社會團體活
動，避免使其失控進而影響社會穩定有關，甚至成為個別主管
部門透過社會團體獲取部門利益的手段。[7]

　　若依照現行社會團體的章程，理事會是有機會選出社團本
身的領導人事，而無需由業務主管部門派遣或任命。但是社團
領導人由行政官員出任，或退職後轉任，其主要原因有二：一
是在長期以來強國家的背景下，新興社團要發揮作用，在很大
程度上需要借助政府的力量，若讓官方相關人士擔任領導，就
可能比較有效利用該機制開展工作[8]；二是主動服從黨政機關的
領導，可以改善與主管部門的關係，進而取得更多的經費資助
和更大的管理權限。[9]

　　不僅如此，中國大陸國務院工商行政管理局，於一九九九
年十月公布一項《關於進一步加強對個體勞動者協會、私營企

---

[5]　李建軍，〈轉型期行業協會在中國的發展：廣東省行業組織〉，王名編《中
　　國非政府公共部門》，（北京：清華大學出版社，2003 年），頁 223-231。
[6]　同上註。
[7]　同上註。
[8]　孫炳耀，〈行業組織與經濟領域中的民間治理〉，俞可平編《中國公民社
　　會的興起與治理的變遷》，（北京：社會科學文獻出版社，2002 年），頁
　　135。
[9]　俞可平，〈公民社會的興起及其對治理的意義〉，俞可平編《中國公民社
　　會的興起與治理的變遷》，（北京：社會科學文獻出版社，2002 年），頁
　　206。

業協會工作指導的通知》（以下簡稱《通知》）。[10]對於個協、
私協的要求，分為兩部分，一部分是關於建立黨組織方面，《通
知》要求在黨組織的領導下，通過本身工作，有效地組織廣大
個體私營經濟從業人員，成為改革的促進力量；另外一部分則
是關於從業人員之思想狀態，《通知》要求注意關心瞭解個體
私營經濟從業人員的思想狀況，有針對性地開展社會主義教
育、愛國主義教育、職業道德教育和法制教育。[11]換言之，若非
由官方或官方退職人員擔任各種社團之領導，配合國家之政策
需要，各級工商局要達成《通知》所賦予的使命恐有相當的困
難度。

　　其次，在經費自主性方面，各地出現狀況不一的情況。北
京個體私營企業協會因處於京畿重地，其日常運作經費完全由
官方撥款自然可以理解；上海個體勞動者協會因處於商業活動
較為發達的上海，雖然經費有點拮据，但仍能依靠會費及服務
收入達成收支平衡的目標，而無需政府撥款；廣東行業協會的
經濟來源依靠行業協會自己的服務及會費收入已達 77.42%，可
以說在財政上已具備充分的自治能力。[12]經費自主當然就代表活
動的自主性增加，對於社會團體成為獨立於政府與企業之外的
中介組織，自然有相當的助益。不過，根據中國大陸學者調查
研究顯示，目前中國大陸社會團體面臨十大問題之中，缺乏資
金是首要的問題，因此學者建議政府要協助民間非營利組織解
決發展的資金瓶頸。[13]

---

[10]　http://www.whhd.gov.cn/news/oldnews/103855416861590100.html
[11]　同上註。
[12]　李建軍，〈轉型期行業協會在中國的發展：廣東省行業組織〉，頁 229。
[13]　其他九大問題分別為缺乏活動場所與辦公處所、缺乏人才、政府支持力度
　　不夠、組織內部管理問題、缺乏信息交流與培訓機會、開展活動得不到社

　　會費收入有限與國家法令限制有密切的關係，根據《通知》的要求，個協、私協必須按照國家核定的收費標準，向會員收取會費，不得擅自提高收費標準，不得搭車收取其他費用，不得亂收費、亂攤派；協會加強對會費的管理，本著「取之于會員、用之于會員」的原則使用，存入協會帳戶，專款專用，不得挪作他用。同時，協會也要依法積極開展有償服務，以會養會，多方籌集資金，彌補協會經費的不足。[14]因為國家法令對會費收入有一定的限制，使得會費收入僅佔協會開支很小的部分，[15]若不能獲得其他支助來源，經費不足的問題就很難解決。

　　當然協會經費自主性愈高，也就愈依賴會費及服務的收入，然而會員入會非強制性的，其入會及繳費的動機就是希望能獲得更好的服務，若是會員不能在普遍面臨之拆遷或徵地問題，獲得更好的安排，為何要繼續繳費？就如同孫炳耀所指出的，企業參與協會的願望，在很大程度上取決於組織的吸引力，即它在何等程度上能夠滿足企業的需要。[16]對北京個體企業協會及上海勞動者協會而言，因為無法保證會員能得到更好的服務，目前均面臨會員召募困難的問題。即使是廣東省行業協會，亦面臨同樣的問題。

　　據調查研究顯示，廣東省行業協會之會員，在剛入會時能按時繳交會費，但當企業入會後沒能從協會工作得到更實際的

會回報、相關法律、法規不健全、缺乏項目、政府的行政干擾太大，請參見王紹光、王名，〈促進我國民間非營利組織發展的政策〉，王名編《中國非政府公共部門》，（北京：清華大學出版社，2003 年），頁 73。

[14]　參見《關於進一步加強對個體勞動者協會、私營企業協會工作指導的通知》，http://www.whhd.gov.cn/news/oldnews/103855416861590100.html

[15]　孫炳耀，〈行業組織與經濟領域中的民間治理〉，頁 136。

[16]　同上註，頁 132。

好處時，繳交會費的積極性就會逐漸降低，協會的會費收取工作就變得非常困難。[17]另外，會員涵蓋面窄，社會認同度低，就無法得到企業的贊助，這也是北京、上海及廣東所面臨共同的問題。經費不足就會帶來一系列的問題，如辦公場所、辦公條件、人員薪資、保險等問題就很難解決，因此也影響協會人員的穩定性和素質的提高，造成協會陷入惡性循環之中，也就缺乏了活力。[18]

第三，是關於活動開展的方式，在北京方面，一是服務，例如貸款擔保、商品配送、商業活動、商業談判。二是教育，灌輸相關法規之類的。三是宣傳，主要是宣傳個體私營企業的形象，好人好事。四是協調，就是協調個體私營經濟在發展過程中面臨的問題，如拆遷等。五是監督，協調之後就是監督，作好對行政機關侵害個體私營經濟權益的行為進行監督。此外，另接受政府委託辦理一年兩次的聯席會議制度。至於上海個體勞動者協會的日常活動主有二，一是協助政府推動各種政府無力推動、且不適合推動的聯誼活動；一是協助會員解決影響其權益的問題。廣東省行業協會所開展的活動，多以蒐集資訊、提供訊息、調查研究和發行刊物為主。[19]

從社會團體的日常活動觀察，很明顯是中國大陸政府因為職能的轉變，將一部分原本不該管，或管不了的職能交由社會團體來執行。而其線索除了從社團活動一窺端倪外，根據陶傳進的說法，是循著三條路線前進，一是由政府部門向民間組織轉化；二是由行政組織向官辦中介組織、市場營利性中介組織

---

17 李建軍，〈轉型期行業協會在中國的發展〉，頁 237。
18 同上註。
19 同上註。

的轉化；三是由事業單位向民間組織和市場營利性服務組織轉移。[20]

　　關於政府要求各種社會團體協助政府推動工作的主要內容，依據《通知》的精神主要有二：第一，做好調查研究工作，主動向政府有關部門反映會員的要求，提出政策建議；第二是引導個體私營經濟朝著有利於國民經濟全局的方向發展，兼顧調整和完善所有制結構及國民經濟發展大局，結合緩解城鎮就業壓力和促進農村剩餘勞動力轉移、結合農村經濟發展、農民致富奔小康和小城鎮的建設改造、結合發展第三產業和優化產業結構、深化國有企業改革和促進下崗職工再就業等，最終達成促進生產力發展、滿足人們多樣化需求的目標。[21]上述諸多要求，如結合緩解城鎮就業壓力和促進農村剩餘勞動力轉移，同樣都是失業問題，只是用詞不同，要妥善解決必須依賴市場機制及相關配合措施，恐非單靠協會可以解決。

　　此外，國家將行政職能向民間組織移轉，並未賦予過多的自主性，仍然透過各種行政手段來加以管制。由上而下的社團組織離不開國家的扶持，其自主性難以形成，不難理解，即使是最近新興由下而上發展的社團組織，依然無法面臨接受嚴格控管的限制。例如，鄧國勝就表示，中國大陸政府對於社會團體的管理基本上仍處於一管就死、一放就亂的局面，除顯示政府治理社會團體能力有限外，亦說明政府不太可能放鬆對社會團體的管制，特別是在「蘇東劇變」、「法輪功事件」以後。[22]

[20]　陶傳進，〈中國市場經濟領域裡的公民社會〉，王名編《中國非政府公共部門》，（北京：清華大學出版社，2003 年），頁 37-44。

[21]　參見《關於進一步加強對個體勞動者協會、私營企業協會工作指導的通知》，

[22]　鄧國勝，〈1995 年以來中國 NGO 的變化與發展趨勢〉，王名編《中國非

基於上述顧慮，短期內要中國大陸政府放寬對社會團體的管制，增加其自主性並不容易。所以儘管不論是由上而下或者由下而上的社會團體的自主性，在近年有增加的趨勢，但是由於國家對於社會團體發展仍有政治上的疑慮，即使是經濟層面的社團發展，依然無法跳脫原有的框架。其自主性很明顯地仍在某種政治上預設的架構中發展。

　　至於未來可能的改革措施，根據鄧國勝的分析，可能是在政策層面「鬆小口、堵大口」，在某些特殊的領域優先放鬆管制，例如放鬆某些自下而上的地域行業協會、社區服務 NGO、特定的公益性民辦非企業單位的登記限制。[23]不過，此種提議一方面馬上面臨的標準是大、小口如何訂定的問題，另外一方面，依據「蘇東劇變」的經驗，當初就是准許某些特定社團的壟斷地位以換取合作，最終導致政權劇變。[24]中國大陸政府是否願冒這個危險？當然屆時是有可能再權衡利弊得失之下作出此種決定，但是這個時候何時會來臨，則需後續密切關注。

　　除了國家能力之外，本文將政治文化亦列為改變中國大陸國家與社會關係的重要觀察途徑。從北京及上海的個案分析中，我們很明顯可以看出，社會團體對於政策不合理的部分，除了向更上級機構反映之外，並無其他辦法，並且表示他們所能做的就是反映，至於效果如何，就沒有具體把握。因此，由此面向觀察，中國大陸社會團體主要幹部對於現存體系基本上採接納的態度，並未設想以更激烈的手段向管理登記機構，表

　　政府公共部門》，（北京：清華大學出版社，2003年），頁96。
[23]　同上註。
[24]　Marcia A. Weigle and Jim Butterfield, "Civil Society in Reforming Communist Regimes: The Logic of Emergence," Comparative Politics, No.25 (October 1992), pp.1-23.

達其政策不滿。[25]若要寄望該等社會團體，透過抗爭手段向國家爭取自主性，恐怕在短期內無法實現。未來能否有實現的機會，不在於幹部是否要採取積極性的作為，而在於會員本身會否向組織施加更大的壓力。

不過，我們若從現在會員選擇不參與社會團體的運作，作為對社會團體無法確保其利益的處理方式，再加上觀察前東歐、蘇聯加盟共和國等國家之國民，即使在民主化之後對於參與社會團體不熱衷的態度。[26]幾乎可以確定的是，要期待各個社會團體的會員對於維護本身權利的堅持，進而逼使組織幹部向國家要求社會團體更大的自主性，恐怕在短期內不易見到。實際上，社團只有代表會員企業的利益提供服務，才能真正的體現民間自治，然而在過去的二十年間，不論是行業協會、個體勞動者協會及私營企業協會，在此方面的發展並不夠快，他們作為民間自治組織的意味較淡，作為政府管理助手的意味較濃。[27]

由此可知，經過改革開放二十餘年的經濟快速成長，國家透過職能轉變亦從許多領域中退出，社會團體如雨後春筍般地出現，然而由於國家本身對社團自主性的疑懼，使得社團自主性即使有增加，其增加的幅度亦十分有限。究竟國家與社會關係未來會發生何種變化？促進變化的因素又為何？以上問題是需要進一步的探索。

---

[25] 孫炳耀就指出，民間治理成長不夠快，有部分原因歸諸於心理因素，如管理者對國家幹部身分的認同，請參閱孫炳耀，〈行業組織與經濟領域中的民間治理〉，頁132。

[26] Marc Morje Howard, The Weakness of Civil Society in Post-Communist Europe (Cambridge: Cambridge University Press, 2003), pp.146-150.

[27] 孫炳耀，〈行業組織與經濟領域中的民間治理〉，頁132。

第六章　結論

第一節　研究發現

一、現有研究途徑的特點與限制

　　中國大陸會否發生動亂，國家與社會關係如何演變，始終是作中國大陸研究的中外學生與學者關注的問題，本文亦基於對此問題的關心，展開相關的研究工作。在過去十幾年的時間內，每隔一段時間就會有專家學者出書，不論是分析也好，預測也罷，總認為中國大陸在未來的一段時間內會出現動亂。然而預測的時間點過後，動亂並未發生，由此可知，他們所用的研究分析方法可能有誤，所以在解釋及分析大陸國家與社會關係發展有誤。

　　為避免發生類似的錯誤，我們應該運用何種研究途徑來觀察中國大陸國家與社會的發展呢？基於「他山之石、可以攻錯」的原因，本文首先檢視西方學者在最近一段時間研究中國大陸國家與社會發展的研究途徑，包含現代化模式、公民社會模式及組合主義模式，其中又以公民社會模式最受到注意，該模式最近並受到中國大陸學者廣泛的注意，並且以此研究途徑來觀察自身國家與社會關係之發展。然而這些方法是否足以解釋中國大陸的現象呢？

　　眾所週知的是，每一項理論或研究途徑的背後均有其獨特
的時空背景條件與哲學思維，西方公民社會的產生，其實與其
偏重個人主義、私有財產的觀念有關，而中國向來較重視家庭
與集體的概念，個人利益有時必須服從於家庭或集體的利益，
此種集體的概念在中國大陸實施共產主義制度下，更得到進一
步地深化。在如此不同的文化背景下所產生的研究途徑可否相
互借用，是值得深入探討的。這也是本文在諸多文獻已針對同
樣問題進行研究後，仍然必須繼續研究的原因之一。

　　在上述三種研究途徑中，現代化研究途徑是首先經不起考
驗的，因為該途徑預設經濟發展定會帶來政治民主化，也就改
變國家與社會的關係，顯然與當前某些國家的發展經驗不太吻
合，新加坡的經濟發展並未帶來國家與社會關係的改變。相反
地，印度的經濟發展不怎樣，社會卻能維持其本身之自主性而
不受國家法律的滲透。中國大陸自一九七八年起的改革開放，
在歷經二十餘年的經濟高速成長，看不出來國家與社會關係因
此改變多少。當然這不意味著過去二十幾年什麼事都沒發生，
只是尚不足以撼動其結構。

　　至於公民社會研究途徑，不僅是西方學者研究中國大陸國
家與社會關係的主要研究途徑，中國大陸學者亦加入使用此種
研究取向的行列。由於整個學術社群愈來愈認可運用此種典範
來解釋國家與社會關係的變化，使得這種研究途徑似乎已成為
觀察中國大陸變化的有效工具。但是誠如前述，此種產生於西
方背景的研究途徑運用在解釋中國大陸的有關現象時，會否與
實際狀況有所扞格。首先是對於中國大陸是否已經出現公民社
會，學者的意見並不一致，有的認為天安門事件的發生，代表
公民社會已經出現；又有的認為天安門事件的失敗，恰恰說明

公民社會尚未出現，更有的藉由研究清朝的商會來證明，在傳統中國就具備此種公民社會的因子。

　　為避免混淆，當然必須從公民社會的原始定義著手。如果說公民社會的原始定義是社會上存在獨立於國家干預的團體活動空間，以便向強有力的國家爭權利。若是以此定義來看待中國大陸國家與社會現象，公民社會當然可以說是不存在，因為中國大陸的社團均具備官民二元性，具有此種特性當然就很難排除國家對社團活動的干預，社團活動就自然而然不具備有獨立於國家干預之外的活動空間，即使有亦是國家所授與的，既然能授與就隨時可收回，所以其自主性就很難確立。或有謂公民社會只是一種觀察國家與社會之理念型研究途徑，是幫助我們瞭解中國大陸國家與社會變化的一種視角，若有扞格現象是自然的現象，因為研究途徑本身就有其侷限性。當然，我們不能否認理念型研究途徑應有的作用，但是我們若能發現更有用的工具來分析與解釋現象，我們為何只要侷限於理念型呢？

　　同樣被廣泛運用來解釋國家與社會關係變化的組合主義，運用來解釋中國大陸的現象，亦會面臨與運用公民社會研究途徑一樣的問題。組合主義（corporationism）在一九九〇年代，是經常被運用來解釋中國大陸國家與社會關係的模式之一，而且其訴求有愈來愈被擴大運用的趨勢。各種類型的組合主義包括再分配（redistributive）組合主義或地方國家組合主義、地方組合主義、具有市場紀律的地方國家組合主義。儘管學者對於地方組合主義的定義與運作有不同的觀點，然而他們有一個共同的立論基礎，那就是改革開放政策施行的結果，地方政府成為集體企業或鄉鎮企業的董事會，與地方企業的管理階層合作，共同為營收而努力。

　　不過，最近的某些例證顯示，地方國家組合主義不僅無法解釋地方政府與企業之間的關係，對於未來的政治發展之解釋亦無幫助。主要原因如次：一是地方政府官員將其本身的目標置於中央政府及社區之上，在缺乏責任制的情況下，地方社區被排除在整個決策過程之外，除了跟隨地方政府的政策外，別無其他選擇；二是組合主義通常是具備特定目的意識的國家菁英所作的制度設計，由於中國大陸的改革是漸進的、不連貫的、不明確的過程，恐怕難以適用；三是該模式無法明確區分其與威權主義或極權主義之其他形式的差別；四是社會團體無法有效扮演溝通管道，且社會利益存在多樣性，使得組合主義在中國大陸僅具備形式，而不具有實質內涵。

　　因組合主義理論尚存在上述爭論，故該理論自然就很難作為本文解釋中國大陸國家與社會關係，可以借用的理論之一。另外，該理論在解釋國家與社會關係有侷限性的另一原因，就是該理論對於解釋政治經濟方面有一定的效力，但要將此理論運用來解釋政治發展及本文所欲解答之政治參與的擴大，就缺乏解釋的效力，而此種理論原本就隱含要處理社會組織如何影響政策決定的問題。

　　儘管我們認為現有研究途徑在解釋中國大陸國家與社會關係變化的侷限性，不過，不容否認的是中國大陸不論是國家或者是社會的確在過去的二十餘年中的確有不少的改變，部分商業組織的經濟自主性的確亦出現，只是這種自主性為何未擴大範圍至其他領域。本文認為合理的解釋是上述社會自主性的出現，係在國家無法控制或不認為需要控制的領域內才得以存在，換言之該種自主性是在某種範圍內被允許存在，超越該範圍即會受到國家的限制，故本文將該種自主性稱為鑲嵌的社會自主性。

二、鑲嵌社會自主性的三個觀察面向

　　社會自主性所鑲嵌的結構是由兩個部分所組成，一部分是結構本身的屬性，而以「政權屬性」作為展現結構的代表，政權屬性愈趨向極權政體，結構就愈緊密。舉例言之，威權政體自然比後威權政體對社會的控制力更大，所形成的結構就更為堅固，更不容易被社會力量所衝破，國家與社會的關係就不容易改變。另一組成部分則是結構內的活動範圍，其呈現方式是以「國家能力」強弱為標準，「國家能力」愈強，則結構內的活動範圍就愈小，反之若國家能力愈弱，結構內活動範圍就愈大，甚至大到結構可能被忽略的程度，但不論活動範圍的大小，除非結構已改變，任何社會自主活動仍將在某種程度之內仍然受到國家的節制。

　　至於結構能否持續維持，要看社會自主性會否某日發展到足以衝破其限制，社會自主性的展現又與一個社會的政治文化有關。有學者即指出亞洲國家對於父權權威具有強烈依賴感的政治文化，使得各國的威權政體往往能維持相當的時日。因此，結構能否持續維持的關鍵點在於社會大眾在持續的改革開放過程中，其「政治文化」是否已經過變遷而達到衝破結構的臨界點，使得國家必須採取妥協而非鎮壓的手段，來解決日益高漲的社會自主性之需求。所以政權屬性、國家能力及政治文化就成為本文在分析鑲嵌社會自主性的三個面向。

　　就政權屬性而言，對中國大陸有四種描述，分別為後極權政體、後極權威權政權、政治封閉型的威權政體或者是退化的極權政體等。其中以後極權政體的爭議較大，因為極權政體經歷民主化之後自然就是後極權政體，俄羅斯及東歐國家歸類為

131

後極權政體自然不成問題，但是將中國大陸歸為後極權政體就會有爭議，中國大陸由於未經過民主化的過程，其政體與俄羅斯及東歐明顯不同，再加上現在不把中國大陸視為極權政體已是學界的共識，因此會有爭議出現。

至於其他三種用法，均在描述中國大陸政權確實已逐漸脫離極權政體的屬性，而逐步向威權政權的道路上邁進，只是這整個過程尚未完成，因此尚殘餘用意識形態作為增加治理能力的一種方法，從江澤民時代的「三講」、「三個代表」，到胡錦濤的「保持黨員先進性教育」等均可視為此種方式的展現。至於該政權是否有效控制社會，就與國家能力有非常大的關係。

國家能力強與弱的區別在於其對社會控制的強與弱，本文是以社會對國家的順服、參與及正當性--即社會大眾對國家要求的配合度愈高、被國家動員的程度愈高，對於國家法令的接受程度愈高，則國家能力就愈強，反之則愈弱，以及國家對社會的汲取力、管制力、分配力、象徵力及回應力等五個面向，來說明國家能力的功能。換言之，當國家對社會之汲取力、管制力、分配力、象徵力及回應力等能力強，則國家能力強，反之則為弱。

儘管中國大陸國家能力中的汲取力、管制力，甚至分配力很明顯地在改革開放的過程中減弱，似已成為學界的共識，但是當我們檢視「三講」、「三個代表」在中央政府一聲令下的推動，過程依然順利，地方政府並未因此而不履行中央政府所交付的任務。另外本研究也發現有證據顯示，中央財政汲取能力的降低有被嚴重化的嫌疑，「國家的意志」在農村仍然基本得到貫徹執行，而其具體的表現在於「該徵的糧食基本都徵上來了，該收的錢基本都收了，控制生育的目標也基本達到了」。

同樣地，根據本文的案例分析，社會對國家政策的配合方面，亦可顯現國家能力未明顯衰退的現象。

由此可知，在改革開放過程中，尤其是九〇年代以來，國家在經濟及社會的領域退出，固然造就某部分的社會自主空間，也使得組織結構的軟化與渙散成為一個相當普遍而嚴重的事實，然而國家能力並未衰退的太快，國家的意志基本仍能有效貫徹。更有學者指出，中國大陸的國家能力實際上還有增強的跡象，其中退休系統的制度化、年輕且受過良好教育幹部的甄補、中央政府監控地方政府的程序，均說明中國大陸官僚結構的理性化，這樣的結果就增加技術官僚的重要性，而降低個人關係的作用。很明顯地我們可以從此看出，中國大陸的國家能力儘管可能在衰退當中，不過在某些部分仍然維持強而有力的狀態。

政治文化無疑是觀察國家與社會關係的重要切入點，因為政治文化為社會大眾特定的政治取向。就大陸一般民眾的政治文化而言，根據一九八六年、一九九三年針對一般中國大陸人民，以及一九九九年針對大陸六個城市居民對於政治權力與權威之態度的民調顯示，大部分的人民仍然是接受威權且保守的，偏好穩定但收入增加機會少的生活，而非偏好不穩定卻有機會增加收入的生活，而且大部分的人民認為其與政府關係是不利於民主化的階層式關係，而不是有利於民主化的水平式關係。此種求穩怕亂的政治文化，更因中共近年來大肆宣傳不穩定的效應而強化，使一般老百姓相信沒有共產黨領導將出現天下大亂。由於選舉結果很難被執政者掌握，所以民主本身就代表某種不確定性，中國大陸在這種上下都求穩怕亂的政治文化氛圍中，要實施不穩定性高的制度非常困難，

在政治文化未改變前,該因素對於促進大陸民主化的機率實在
非常低。

　　執政菁英分裂、向反對黨尋求奧援,進而建立民主協商機
制的菁英策略互動論,被許多學者視為是民主化的必要條件。
換言之,亦是改變國家與社會關係非常重要的一項變數,因此
菁英分子政治文化的變遷,以及執政菁英之間會否出現分裂,
對於改變國家與社會關係也就成為相當重要的關鍵。實際上有
證據顯示,整個一九八○年代中國大陸的統治菁英是處於分裂
的狀態,此種分裂在一九八九年天安門事件時達到高潮,總書
記趙紫陽與總理李鵬,對待學生的態度,就很明顯出現分裂。
可是中國大陸當時(現在也是)只有友黨而沒有反對黨。

　　時序進入九○年代中期以後,中國大陸就沒有出現高層公
開分裂,政府內部的衝突也沒有外部化。曾經一度被視為在一
九九七年中共「十五大」,有實力足以取代江澤民而成為最高
領導人的「人大」委員長喬石,在中共「十五大」後因年齡因
素退休,並未引發中共高層因爭奪權力而分裂,同樣的故事在
二○○二年中共「十六大」前亦曾上演。中共國家主席江澤民、
人大委員長李鵬、政協主席李瑞環,在中共召開「十六大」之
前,被視為是在中共高層權力分配鬥爭最激烈的三個人。不過,
中共「十六大」在二○○二年十一月八日至十四日召開時,李
鵬與李瑞環退休,江澤民留任中央軍委主席,權力轉移過程順
利,並沒有出現分裂的痕跡。

　　另一方面,在經歷了一九八九年天安門事件後,中國大陸
自一九九○年代以來所出現新保守主義的思潮,就被認為是政
治菁英、經濟菁英或者是知識菁英對於穩定都有共識的展現,
使得有利於民主化的自由主義思潮在大陸逐漸失去市場,在此

環境下，菁英均將維持穩定視為優先目標，菁英分裂就不容易出現。所以就目前中國大陸的現狀而言，看不出在最近的未來會出現菁英分裂及一股有別於國家、有組織且有堅定信仰的社會自主力量。

　　基於以上的研究分析，不論是從政權屬性、國家能力、政治文化等三個面向觀察中國大陸國家與社會關係變化，都可以發現就現階段而言，中國大陸的社會自主性的空間仍然有一定的限制。本文從中國大陸國家對社會團體所作的規範，就更可以看出其限制性。

三、中國大陸國家與社會團體關係之發展

　　中國大陸政府制定法律以管理社團發展的時間甚早，在其政權成立的第二年（一九五○）九月，即由當時的政務院制定《社會團體登記暫行辦法》。隔年三月，由當時政務院下的內務部依據該《辦法》制定《社會團體登記暫行辦法實施細則》。充分顯示其對監控社會團體之重視，避免其因未登記而處於失控狀態，進而成為影響其政權穩定的重要因素。在中共政權建立到改革開放前這段時間，社團完全在國家的掌控之下，且數量增加極為有限，就不難理解。根據吳忠澤與陳金羅的統計，從一九五六年到一九六五年的十年之間，中國大陸全國性社團僅從四十四個增加至近百個，其數字與改革開放後的情況幾乎無法比擬。

　　隨著一九七八年後改革開放政策腳步的加快，中國大陸經濟發展與社會多元化情況日益明顯，社會團體亦如雨後春筍般地湧現。一九八九年初全國性社團發展到 1600 餘個，相當於文革前近百個的 16 倍。這樣的社團發展趨勢，使得有關部門又擔

心此種發展態勢對社會穩定與經濟發展產生不利影響，進而採取新的管制措施來規範新形勢下的社團發展。

中共中央及國務院特別於一九八四年頒布「關於嚴格控制成立全國性組織的通知」，試圖對社會團體之問題進行策略性調整，但真正管理工作開始走向法制化軌道，還是一九八九年十月十三日中國大陸國務院常務會議通過之「社會團體登記管理條例」，該「條例」並於一九九八年經修訂後，於一九九八年十月廿五日頒布實施。該「條例」之立法及修訂在時間點上，適逢改革開放政策實施後社會與經濟發生重大變化的十年及二十年，故仔細解讀該條例之立法意旨，將有助於吾人透過社團組織管理法令變遷，瞭解中國大陸國家與社會關係之變化。

我們不論是從社團登記的角度，或是從社會團體的業務活動受有關業務主管部門指導的角度，或甚至是從監督管理社會團體的作用在維護社會穩定、發揮國家行政管理職能的角度，均可看出國家能力透過立法手段滲透社會層面的作用，維持社會穩定始終是中國大陸國家在管理社會團體的一項重要作用。而社會團體在中國大陸國家的心目中，始終是一股可能破壞社會穩定的力量，在無法阻止社會團體出現的情況下，只好設法加強監督與管理，以避免使其失控，對經濟發展及社會穩定造成無法預期的後果。

經過十年的經濟社會巨烈變動，中國大陸國務院有感於社會出現過多過亂的現象，社團亦出現許多不規範的行為，於是針對一九八九年所頒布之《社會團體登記管理條例》進行修訂，並於一九九八年十月廿五日公布實施。就形式而言修訂後之《條例》與修訂前最大的不同即在於加重監督管理的力度，將原本附著於「監督管理」章中的處罰條文，不僅獨立出來單列一章，且罰則內容大幅擴充，其目的顯然就是要透過嚴格的處罰來規範社團之行為。

　　修訂後的監督管理及罰則的章節中特別重視經費來源問題，民政部之所以對經費來源作出細部規定，無非是不希望社團經由不合法管道獲得資助，進行從事不法之行為，影響社會之穩定。也正因為此種考量，故在訂定罰則時，經費來源及支用情形就成為是否處分社團行為的重要標準，在新增三條違反規定予以警告、停止活動、或撤銷登記的條文中，有二條是關於經費與資產問題。社團若在經費方面無法具有自主性，自然必須向政府申請補助，所辦之活動也就自然而然能為政府所左右，其行為的自主性自然就不高，國家就更容易介入監督，一旦發覺不法，即可加以處罰，以解決可能導致社會不穩定的因子。

　　《條例》經過修訂之後，民政部即對社會團體進行治理整頓，其立即而明顯的效果就是中國大陸社會團體增加的數目呈停滯狀態。自一九九八起社團數目呈現遞減狀態，直至二○○二年才緩慢回升，社團數目減少幅度最大的莫過於一九九八年至一九九九年間，減少幅度高達百分之廿一，由此可知民政部治理整頓社團的力道。所以儘管中國大陸的改革開放政策促使社會團體蓬勃發展，一旦中國大陸政府要對其治理整頓，很快地就可以在短時間內收效。

四、部分省市行業協會、北京私個協、上海個協個案分析

　　不論我們是從各省市行業協會、北京私個協、上海個協的主要活動方式、主要領導的產生方式及經費自主性方面觀察，除了廣東省行業協會、上海個協在經費自主性方面較有成就外，其餘部分的自主性均極為有限。造成此種現象的原因當然

是多重的，但主要來自於兩方面，一方面是受限於行業協會及
（私）個協本身成立的背景與特性，另一方面是國家在釋出管
理職能時，政策出現矛盾的現象，若再加上社會團體本身並無
衝破此種限制的打算，其自主性自然而然就會受到國家相當的
限制。

　　關於協會的日常活動，廣東省 112 省級行業協會開展活動
的主要方式是蒐集資料、提供信息、調查研究、出版刊物、開
展宣傳、向有關部門提供政策建議、組織會員進行考查和人員
培訓等工作，另有 20 個協會受政府委託，協助政府有關部門進
行管理工作，如產品質量認證、企業許可證發放等。其中又以
蒐集資料、提供信息、調查研究、出版刊物等活動為主，以發
揮中介性、協調性的作用。然而這類活動被華監武視為無法滿
足市場快速變遷的要求，若行業協會自主性高，自然會設法順
應市場的需求以發揮新的功能，如今無法做到，顯然與其自主
性受限有關。

　　北京私營個體經濟協會依據法規所必須辦理的活動有：服
務（如貸款擔保等）、教育（灌輸相關法規）、宣傳（個體私
營企業的形象）、協調、（協調拆遷問題等）、監督（行政機
關侵害個體私營經濟權益進行監督），以及接受政府委託辦理
一年兩次的聯席會議制度。上海市個體勞動者協會的日常活動
則包括組織節日聯歡活動、參觀市政建設、評年度個人先進、
協調拆遷問題等。由此可知，協會日常活動是協助政府推動各
種政府無力推動、且不適合推動的聯誼活動；另是協助會員解
決影響其權益的問題。第一項工作由於不涉及公權力，只要花
時間與少許經費就又有成效，但是第二項工作由於涉及公權力
問題，能否有具體成效就很難說。

就領導人事方面而言，行業協會及（私）個協主要領導的產生依據章程規定，會長、副會長必須由理事會選舉產生，但事實上很少有企業家擔任協會的會長或副會長，大多數協會的會長都由政府相關領導擔任，例如上海市工業經濟協會會長，即由市經委主任擔任。北京私個協、上海個協、廣東省行業協會等主要領導產生方式亦復如此。另外，國家為了要扶持社會團體的發展，採取安排人員進駐協會的辦法，而協會祕書長往往由此類人擔任，其影響就是強化協會的官辦色彩，使協會日常工作由國家控制的可能性大增。

就經費方面而言，目前經費不足仍是協會開展工作的重要因素。由於中國大陸國務院民政部對會費收入有明確限制，因此會費收入僅佔協會開支的很小部分，行業協會成立初期往往在較大程度上必須依賴政府，隨著工作逐漸開展，才能拓寬贊助費、諮詢費等民間經費來源。像廣東省行業協會、上海個協能夠具備經費自主性條件的行業協會並不多見，即使如上海及溫州等經濟較發達地區之行業協會，尚無法完全具備經費自主性的條件，其他經濟不發達地區，其經費自主性就更不容易具備。

至於社會團體對現行國家管理體制，基本上採取配合的態度，就如同被公認為積極參與協會之活躍分子，都會認為村幹部擔任協會的主要領導是很自然的事情，縱然是選舉也是同樣的結果。因此，我們分析的結論與孫炳耀針對行業協會的特性所作的描述是相近的，亦即「儘管擁有自主權的企業是社會組織的現實基礎，但在中國現有的政治格局下，它們不可能起到『壓力團體』的作用而自我開闢民間自治的道路。」行業協會無法成為壓力團體向國家施壓以改變政策取向，個別成員認為領導人士由官員兼任屬理所當然之事，均與中國大陸社會仍充斥著臣屬型政治文化有關，若不在制度上進行某些配套變革，類似情況將持續一段時間。

　　經濟發展在中國大陸可以說是一切施政的中心，社會團體的自主性發展明顯對經濟發展有利，但由於社會團體發展失控，進而對政權穩定造成影響，國家對之仍採取限制性發展措施。此種限制性發展措施不僅發生在管理行業協會上，亦發生在同樣有利於促進經濟發展之私營企業協會與個體勞動者協會身上。

　　我們不論是從協會的任務或使命、成立背景、日常活動、經費來源、招募會員及為會員申訴，以及處理與政府部門之間爭議方面，都看不出該協會有充分的自主性，尤其是經費係由政府全額撥款，主要領導人事均與政府有非常密切的關係，自主性有限就不特別令人感到意外。

　　目前協會面臨最大的問題，是在政府與個體勞動者之間定位會有些困難，代表下面利益多了，代表政府方面就少了，代表政府方面多了，下面不一定滿意，總覺得協會沒有盡到自己為個體戶講話的責任，協會對他們的吸引力就少了，如果協會對他們的吸引力少了，會員也就少了，協會的生存也會有困難。至於協會會員會否因為協會無法有效協助其解決問題，進而另組團體，目前該協會並未面臨此種問題，不過據瞭解其他行業協會已出現此種情況，未來是否會擴大，取決於政府、協會及個體戶三者之間的互動關係。站在協會的立場，當然不會希望看到此種狀況出現。

第二節　未來研究方向

一、社會團體自主性的可能發展

　　本文以北京個體私營企業及上海市個體勞動者協會作為個案研究，經由訪談結果分析，加上與廣東省行業協會調查研究結果之比較，基本上符合本文的假設──中國大陸國家與社會關係處於鳥籠政治下的社會自主性。不僅是上海、北京廣東的社會團體如此，筆者近期與江蘇無錫、浙江溫州、研究商會組織的學者晤談，他們初步的結論是儘管商會希望具有更高的自主性，能獨立於地方政府之外運作，不過政府仍然是不放心，以致於他們正在透過比較研究的方式，設法尋求解套之道。[1]

　　中國大陸目前各種社會團體及行業組織面臨的最大困境就是政府一方面希望各種組織或團體自己解決經費問題，在協助政府穩定社會秩序發揮更大的作用；一方面卻又無法賦予各種組織或團體各種權利，包括可不經民政局核准即成立，亦無需掛靠在現有組織與團體之下。在此情況下，各種組織或團體在招募會員，要求會員繳交會費時，會員普遍的反應是他們加入該組織或團體能享受何種好處，若是組織或團體無法協助他們解決問題，他們有何強烈理由必須加入。因此，如何提供會員更大的誘因使其加入，是未來組織或團體能否發揮更大功用的關鍵。

　　中國大陸目前管理社會團體活動僅為位階比法律低的《社會團體登記管理條例》，雖然已有商會在研議是否應當將位階拉高到法律層次，例如李寶梁、湯可可就建議應借鑑世界上許

---

[1]　與大陸學者晤談結果。

多國家的經驗，以「商會法」的形式確立起商會作為法人社團的地位，[2]王紹光與王名也建議，國家要制定有關民間非營利組織統一規範的基本法，並在該法基礎上，修改及進一步完善民間非營利組織登記管理的專項法規體系，[3]但何時能夠成為法律尚在未定之天。社團管理條例成為法律後，會否對社團自主性更有保障，公共空間會否真正形成，進而改變中國大陸國家與社會的整體關係，則是未來類似研究的重點。

另外，根據東歐及前蘇聯的經驗顯示，當官方支持的組織無法完全反映組織成員的需求或無法代表其利益時，獨立團體就會出現要求國家回應其被忽略之利益或要求國家需為政策負責，而其表現的形式就是異議活動。[4]中國大陸社會團體儘管對其本身利益未能得到有效保障有所不滿，但是以獨立團體面目出現爭取權益的現象不多見，未來是否會出現類似東歐及前蘇聯的情況，亦是未來關注的重點，若是除了官方支持的社會團體外，又出現許多獨立團體，則中國大陸國家與社會關係將會發生重大變化。

2　李實梁，〈中國民間商會透析〉，《天津社會科學》，1997 年，第五期，頁 58-61；湯可可，〈市場經濟與商會國際研討會綜述〉，浦文昌等，《市場經濟與民間商會：培育發展民間商會的比較研究》，2003 年，頁 236。

3　王紹光、王名，〈促進我國民間非營利組織發展的政策〉，王名編《中國非政府公共部門》，（北京：清華大學出版社，2003 年），頁 68-69；亦請參閱王名、賈西津，〈中國非營利組織：定義、發展與政策建議〉，范麗珠編《全球化下的社會變遷與非政府組織》，（上海：上海人民出版社，2003 年），頁 278。

4　Marcia A. Weigle and Jim Butterfield, "Civil Society in Reforming Communist Regimes: The Logic of Emergence", Comparative Politics, No.25 (October 1992), pp.1-23.

二、社會抗議事件與國家及社會關係

　　本文在探討中國大陸國家與社會關係架構時，發現此種架構的改變除了國家能力消弱無力對社會進行有力的監控外，另外一個來源就是社會抗議力量大到國家已無力採取鎮壓手段，若即使採取鎮壓手段亦無法達到目的，甚至可能加速國家代理人政府的重組。而各種形式社會運動的產生根據學者研究指出，是與一個國家在形成或重建有密切的關係，國家重建可以說是利益的重新分配，在此分配的過程中，一部分人因此得到好處，可是另一部分人不但沒有獲多少好處，反而喪失原有的好處，進而就會以各種形式的社會運動來進行抗議。[5]

　　根據大陸學者關於社會穩定調查報告顯示，中國大陸社會抗議事件出現以下趨勢：第一，事件激烈的程度有所增加，個別地方出現攻擊政府機關、堵塞交通要道、圍攻工作人員的事件，某省某市僅在一季內就發生群眾圍堵市政府機關達 23 次之多；第二，集體性不穩定事件大幅度增長，如近年來集體上訪都以 27%以上的比例增加；第三，與幹部及群眾關係緊張有關的不穩定事件增加較快。[6]此種趨勢似乎有愈演愈烈的趨勢，根據外電報導，二〇〇三年平均一天抗議事件有一百六十起民眾抗議事件，頻率和強度都不斷上升。[7]最引人注目的莫過於二〇〇四年十一月四川大渡河水力發電廠因徵地引發的警民衝突，上千抗議村民守在電廠工地進行「馬拉松式」的靜坐示威，防

---

[5]　鄭永年，〈國家重建、大眾抗議和集體行動〉，張茂桂、鄭永年編《兩岸社會運動分析》，（台北：新自然主義股份有限公司，2003），頁 235-262。

[6]　王春光，〈中國社會穩定調查報告〉，汝信等編《一九九八年：中國社會形勢分析與預測》，（北京：社會科學文獻出版社，1998），頁 121-132。

[7]　轉引自蘋果日報，2004/11/07. <http://www.appledaily.com.tw/template/twapple/art_main.cfm?loc=TP&showdate=20041107&sec_id=7&art_id=1362710

止官員強行開工截流，抗議居民並短暫限制四川省委書記張學忠的行動。[8]此乃首次發生省級領導被短暫限制行動的情況，顯示民眾抗爭手段的確有愈來愈激烈的趨勢。

　　同樣是東歐與前蘇聯例子，研究顯示承認某些獨立團體的合法性是降低潛在運動的必要手段，換言之就是希望藉著承認有限形式的獨立團體，以擴大其支持的基礎，並維持共黨體系與權力不受影響。[9]王紹光也認為中國大陸政府應設法將不滿的聲音納入制度化之中，以降低經濟的不安全感，甚至可產生更穩定的經濟結果；[10]同時鄧國勝更認為政府通過賦予 NGO 某一社會部門的壟斷地位，來換取 NGO，使 NGO 有更大的自主性，可能就是未來較長時間內中國大陸 NGO 發展的主流模式。[11]但中國大陸會否採取東歐或前蘇聯的手段以化解群眾抗爭事件，目前尚不得知。不過，東歐與前蘇聯採取該等手段的結果是導致政權的瓦解，會否使得中國大陸政府因此心生警惕，而不敢採取類似的手段呢？所以基本上這是一個兩難的問題，不採取上述手段無法解決問題，採取了又可能面臨政權垮台的命運，只好採取修修補補的策略，以免局面失控。基於此，未來中國大陸採取何種措施，將直接關係其國家與社會關係的變化，故值得進一步研究。

---

[8]　同上註。

[9]　Marcia A. Weigle and Jim Butterfield, "Civil Society in Reforming Communist Regimes: The Logic of Emergence", p.11.

[10]　Shaoguang Wang, "The Social and Political Implications of China's WTO Membership," pp.404-405. David Shambaugh 也有類似的看法，認為若不建立某種機制舒壓，壓力總有一天會引爆，David Shambaugh, "The Chinese State in the Post-Mao Era ," David Shambaugh, ed., The Modern Chinese State, (Cambridge: Cambridge University Press, 2000), p.186.

[11]　鄧國勝，〈1995 年以來中國 NGO 的變化與發展趨勢〉，頁 97。

三、環境保護的社會團體對國家與社會關係變遷可能的作用

　　環境保護的社會團體特別值得未來持續關注的原因如次：第一，在東歐民主化的過程中，環境保護組織扮演一個相當重要的角色。例如，秦暉、金雁就指出，在東歐劇變前夕，社會泛政治化現象決定了即使以西方的標準看是非政治性的事務，也具演變為政治性質，其中尤其是環境保護運動最具代表性。[12]Guobin Yan 也認為環境保護運動即使沒有政治目的，可能也是具有政治性的，只是透過其他方式呈現。[13]由此可知，因為環境保護運動與政府施政有關，所以看似政治性不強，可是實際上環境保護社會團體卻經常必須與政府就環境問題進行協商，無形中增加該等社會團體政治參與的機會。儘管環保社團仍然面臨諸如政治領域的挑戰，但長遠而言，的確有塑造新的國家與社會關係的機會。[14]

　　第二，環保社團之所以具有此種優勢，主要是政府的支持。因為不論是政府官員或一般大眾對於日益惡化的環境，都表達愈來愈多的關切之意，中央政府並且制訂新的環保政策、法律及規範，以回應此種關切。[15]也正是基於對環保運動的支持，部分環保社團在一九九八年《社會團體登記管理條例》公布後，並未向民政部門登記，未登記之社團即為非法社團，照理說應

---

[12] 另外教會、民族文化、成員利益及推進人權、公民權利的組織，都扮演一定的角色。請參閱，秦暉、金雁，〈轉軌中東歐國家的民間組織〉，中國青少年發展基金會編，《擴展中的公共空間》，（天津：天津人民出版社，2001），頁 340-373。

[13] Guobin Yan, "Environmental NGOs and Institutional Dynamics in China," The China Quarterly, No.181 (March 2005), p.55.

[14] ibid., pp. 65-66.

[15] Jonathan Schwartz, "Environmental NGOs in China: Roles and Limits," Pacific Affairs, Vol.77, No.1 (Spring 2004), pp.28-29.

會被取締，但有資料顯示該等社團並未被取締，而且還可以公開運作，這除了說明國家對於該等社團的容忍外，大概就找不到其他足以解釋的原因了。[16]也因此可說明，環保社團在整個中國大陸關切環境保護的過程中，扮演相當重要的腳色，增加其與國家協商的籌碼。

第三，環保團體受到媒體廣泛地的支持與報導。媒體控制被視為是列寧政權，除了人事編制及黨國與軍隊相互連鎖關係之外的第三個重要特徵。[17]媒體大幅報導與環境保護有關的新聞，部分原因是因為新聞管制沒有像毛澤東時代那般的嚴厲外，[18]主要是因為環境保護議題具有新聞價值，且承載道德與政治意義及政策意涵，最重要的是政治上的安全性。[19]由於此類議題符合國家關於永續發展的政策，大力批評環境問題，不僅可藉此展現媒體的自主性，也不會直接對國家的合法性形成挑戰。[20]所以說媒體與環保社團可說是某種聯盟關係，兩者相互配合，不僅可增加彼此的自主性，亦不致引起國家太大的反彈，長此以往對於國家與社會關係的改變，應會有所影響。

基於以上三項關於環保團體所具有的優勢，相較於其他社會團體而言，環保團體未來的確較有機會成為改變中國大陸國

---

[16] Guobin Yan, "Environmental NGOs and Institutional Dynamics in China," p.55.另外丁元竹與江汎清亦指出，環境保護利國利民，不會產生其他影響，政府比較放心，其他社會領域則不然。丁元竹、江汎清，〈志願精神與第三部門研究〉，中國青少年發展基金會編，《擴展中的公共空間》，（天津：天津人民出版社，2001），頁 173-174。

[17] David Shambaugh, "The Chinese State in the Post-Mao Era ," pp.172-179.

[18] Ibid., pp. 78-179。

[19] Guobin Yan, "Environmental NGOs and Institutional Dynamics in China," p.56.

[20] Ibid.

家與社會關係的重要一股力量。環保團體還有兩項有利之處，
一為網際網路的作用，另一則是國際環保團體的聲援。前者可
突破政治上對其所造成的限制，後者在財務上可以給予其充分
的支援，從 1996 年至 1999 年之間，北京地球村的運作經費有
百分之八十五來自於國際非政府組織。[21]為什麼該社團可接受如
此多的外援，而不受國家的注意與限制，[22]可能的理由只有一
個，那就是國家對此類社團接受外援樂觀其成。因此，中國大
陸環保團體究竟能否像東歐民主化前後扮演催化國家與社會關
係變遷的力量，實在值得後續好好關注與研究。

---

[21] Guobin Yan, "Environmental NGOs and Institutional Dynamics in China,"
p.57；另外洪大用亦指出，環保純民間社團的活動經費中，來自國外或境
外的捐助佔有很大比例，請參見洪大用，〈轉變與延續：中國民間環境運
動轉型〉，中國青少年發展基金會編《擴展中的公共空間》，（天津：天
津人民出版社，2004），頁 101。
[22] 王紹光與王名指出基於防止敵對勢力威脅安全，目前尚存在一些不利於境
內組織與境外組織溝通的障礙，請參閱王紹光、王名，〈促進我國民間非
營利組織發展的政策〉，頁 81。

中國大陸國家與社會關係 1989-2002
──以鑲嵌之社會團體自主性為例

參考書目

壹、中文部分

一、書籍部分

丁元竹、江汛清，2001，〈志願精神與第三部門研究〉，中國青少年發展基金會編，《擴展中的公共空間》，天津：天津人民出版社，頁 173-174。

中共原始資料編輯委員會，1983，《大陸青年的怒吼》，台北：黎明文化事業公司。

中共研究雜誌社編，1988，《中共年報》，台北：中共研究雜誌社。

干名等，2001，《中國社團改革：從政府選擇到社會選擇》，北京：社會科學文獻出版社。

王名編，2003，《中國非政府公共部門：清華發展研究報告2003》，北京：清華大學出版社。

王名、賈西津，2001，〈中國非營利組織：定義、發展與政策建議〉，范麗珠編，《全球化下的社會變遷與非政府組織（NGO）》，上海：上海人民出版社，頁 262-286。

王逸舟，2002，〈國內進步基礎上的中國外交〉，俞可平編，《中國公民社會的興起與治理的變遷》，北京：社會科學文獻出版社，頁 150-188。

王春光，1998，〈中國社會穩定調查報告〉，汝信等編《一九九八年：中國社會形勢分析與預測》，北京：社會科學文獻出版社，頁 121-132。

王紹光、王名，2003，〈促進我國民間非營利組織發展的政策〉，王名編《中國非政府公共部門》，北京：清華大學出版社，頁 59-83。

王紹光、胡鞍鋼，1993，《中國國家能力報告》，瀋陽：遼寧人民出版社。

王旭，1998，〈國家與社會的權力互強：鄉村中國的基層民主〉，陳明通、鄭永年編《兩岸基層選舉與政治社會變遷》，台北：月旦出版社，頁 393-422。

王穎等，1993，《社會中間層：改革與中國的社團組織》，北京：
　　中華發展出版社。

王穎、孫炳耀，2002，〈中國民間組織發展概況〉，俞可平編《中
　　國公民社會的興起與治理的變遷》，北京：社會科學文獻
　　出版社，頁 1~28。

王穎，2002，〈市民自治與社區管理方式的變革〉，俞可平編，
　　《中國公民社會的興起與治理的變遷》，北京：社會科學
　　文獻出版社，頁 95-123。

田弘茂，1997，〈台灣民主鞏固的展望〉，田弘茂、朱雲漢編《新
　　興民主的機遇與挑戰》，台北：業強出版社，頁 244-291。

民政部政策研究中心編，2003，《中國社會社利與社會進步報
　　告 2003》，北京：社會科學文獻出版社。

江澤民，1996，〈加快改革開放和現代化建設步伐、奪取有中
　　國特色社會主義事業的更大勝利〉，編入《十四大以來重
　　要文獻選編》，北京，人民出版社，頁 1-47。

肖雪慧，2004，《公民社會的　生》，上海：上海三聯書店。

吳文程，1996，《台灣的民主轉型：從權威型的黨國體系到競
　　爭性的政黨體系》，台北：時英出版社

吳玉山，1995，《共產世界的變遷：四個共產政權的比較》，台
　　北：東大圖書公司。

吳忠澤、陳金羅編，1996，《社團管理工作》，北京：中國社會
　　出版社。

吳國光、王兆軍，1994，《鄧小平之後的中國：十個生死攸關
　　的問題》，台北：世界書局。

沈恒超、王名，2003，〈政府引導、自下而上：溫州市烟具行
　　業協會〉，王名編《中國非政府公共部門》，北京：清華大
　　學出版社，頁 262-81。

李英明，1995，《中國大陸學》，台北：揚智出版社。

李建軍，2003，〈轉型期行業協會在中國的發展〉，王名編《中
　　國非政府公共部門》，北京：清華大學出版社，頁 220-242。

李春玲，2004，〈中產階層：中國社會值得關注的人群〉，汝信
　　等編，《二〇〇四年：中國社會形勢分析與預測》，北京：
　　社會科學文獻出版社，頁 51-63。

李圖強，2004，《現代公共行政中的公民參與》，北京：經濟管
　　理出版社。

邱澤奇，1999，〈制度性因素與中國政治民主發展〉，林佳龍、邱澤奇編《兩岸黨國體制與民主發展》，台北：月旦出版社，頁 305-313。

林茲（Juan J. Linz），1999，〈對民主轉型的一些思考〉，林佳龍、邱澤奇編《兩岸黨國體制與民主發展》，台北：月旦出版社，頁 3-24。

林益民、涂肇慶編，1999，《改革開放與中國社會》，香港：牛津出版社。

林佳龍等，2003，《退化的極權主義》，台北：時報文化。

林毅夫等，1998，《中國的奇跡：發展戰略與經濟改革》，上海：上海人民出版社。

法蘭西斯‧福山，1993，《歷史之終結與最後一人》，李永熾譯，台北：時報文化。

胡佛、朱雲漢、文正仁，1997，〈台灣與南韓民主化過程中的國際面向分析〉，田弘茂、朱雲漢編《新興民主的機遇與挑戰》，台北：業強出版社，頁 458-514。

俞可平，2002，〈中國公民社會的興起及其對治理的意義〉，俞可平編，《中國公民社會的興起與治理的變遷》，北京：社會科學文獻出版社，頁 189-223。

洪大用，2004，〈轉變與延續：中國民間環境運動轉型〉，中國青少年發展基金會編《擴展中的公共空間》，天津：天津人民出版社，頁 98-127。

張靜，1998，《法團主義》，北京：中國社會科學出版社。

祖治國，1998，《九○年代中國大陸的新保守主義》，台北：致良出版社。

倪炎元，1995，《東亞威權政策之轉型：比較台灣與南韓的民主化歷程》，台北：月旦出版社。

孫立平，2002，〈民間公益組織與治理：希望工程個案〉，俞可平編《中國公民社會的興起與治理的變遷》，北京：社會科學文獻出版社，頁 65-94。

孫炳耀，2002，〈行業組織與經濟領域中的民間治理〉，俞可平編《中國公民社會的興起與治理的變遷》，北京：社會科學文獻出版社，頁 124-149。

孫曉莉，2001，《中國現代化進程中的國家與社會》，北京：中國社會科學出版社。

康曉光，2004，〈滲透與同化：雲南省保山市芒寬鄉百花岭村

之「高黎貢山農民生物多樣性保護協會」考察報告〉，中
　　國青少年發展基金會編《擴展中的公共空間》，天津：天
　　津人民出版社，頁 74-97。

陶傳進，2003，〈中國市場經濟領域裡的公民社會〉，王名編《中
　　國非政府公共部門》，北京：清華大學出版社，頁 34-58。

章家敦，2002，《中國即將崩潰》，侯思嘉、閻紀宇譯，台北：
　　雅言文化出版。

時正新編，2000，《中國社會福利與社會進步報告 1999》》，北
　　京：社會科學文獻出版社，頁 93-106。

鄧正來，1998，〈中國發展研究的檢視：兼論中國市民社會研
　　究〉，鄧正來與 J. C. 亞歷山大編，《國家與市民社會》，北
　　京：中央編譯出版社，頁 444-462。

鄧正來，2001，《市民社會》，台北：揚智文化出版社。

鄧國勝，2003，〈1995 年以來中國 NGO 的變化與發展趨勢〉，
　　王名編《中國非政府公共部門》，北京：清華大學出版社，
　　頁 84-98。

秦暉、金雁，2001，〈轉軌中東歐國家的民間組織〉，中國青少
　　年發展基金會編，《擴展中的公共空間》，天津：天津人民
　　出版社，頁 340-373。

華監武，2003，《社團革命：中國社團發展的經濟學分析》，濟
　　南：山東人民出版社。

阿爾蒙德與維巴（Gabriel A Almond and Sidney Verba），1996，
　　《公民文化》（Civic Culture），張明澍譯，台北：五南出版
　　社。

張祖樺，2001，《中國大陸政治改革與制度創新》，台北：大屯
　　出版社。

陳安，1998，〈關於中國大陸民主化動力問題的比較研究〉，陳
　　明通、鄭永年編《兩岸基層選舉與政治社會變遷》，台北：
　　月旦出版社，頁 459-488。

陳漭，2003，《非營利組織：戰略管理問題研究》，哈爾濱：黑
　　龍江人民出版社。

馬慶鈺，2002，《告別西西弗斯——中國政治文化分析與展
　　望》，北京：中國社會科學出版社。

湯可可，2003，〈市場經濟與商會國際研討會綜述〉，浦文昌等，
　　《市場經濟與民間商會：培育發展民間商會的比較研
　　究》，頁 226-236。

鄒讜，1994，《二十世紀中國政治》，香港：牛津大學出版社。

裴敏欣，1997，〈匍匐前進的中國民主化〉，田弘茂、朱雲漢編《新興民主的機遇與挑戰》，台北：業強出版社，頁383-386。

趙文詞（Richard Madsen），1999，〈五代美國社會學者對中國國家與社會關係之研究〉，林益民、涂肇慶編，《改革開放與中國社會》，香港：牛津出版社，頁35-56。

趙建民，1994，《威權政治》。台北：幼獅出版社。

鄭永年，1998，〈中國會變得更民主嗎？〉，陳明通、鄭永年編《兩岸基層選舉與政治社會變遷》，台北：月旦出版社，頁437-458。

鄭永年，2000，《政治漸進主義：中國的政治改革與民主化前景》，台北：吉虹文化出版社。

鄭永年，2003，〈國家重建、大眾抗議和集體行動〉，張茂桂、鄭永年編《兩岸社會運動分析》，台北：新自然主義股份有限公司，頁235-262。

魏昂德（Andrew Walder），1999，〈現代中國國家與社會關係研究：從描述現狀到解釋變遷〉，林益民、涂肇慶編，《改革開放與中國社會》，香港：牛津出版社，頁57-71。

劉國光等編，2004，《2005年：中國經濟形勢分析與預測》，北京：社會科學文獻出版社。

二、期刊論文

方孝謙，2002，〈蘇南溫州產權模式中的主要變項〉，《中國大陸研究》，45卷4期，頁1-14。

吳介民，1999，〈治亂循環：中國的國家─社會關係變化的線索〉，中共建政與兩岸分治五十年研討會論文，主辦單位：國統會、陸委會，台北：國家圖書館，1999年9月22、23日。

吳國光，1999，〈試論當代中國的政治危機週期〉，《當代中國研究》，美國普林斯頓：當代中國研究中心，第四期，頁8-19。

李學舉，2003，〈不斷完善村民自治〉，《求是》，北京：中國共產黨中央委員會，第九期，頁38-39。

李寶梁，1997，〈中國民間商會透析〉，《天津社會科學》，第五期，頁58-61。

153

俞可平，2000，〈中國農村的民間組織與治理：以福建省漳浦縣長橋鎮東升村為例（上）〉，《中國社會科學季刊》，夏季號，頁 87。

褚松燕，2000，〈關於互益性社團的"公益效應"分析〉，《天津社會科學》，第五期，頁 50-54。

孫立平，2002，〈實踐社會學與市場轉型過程分析〉，《中國社會科學》，第五期，頁 92-93。

孫炳耀，1994，〈中國社會團體官民二重性問題〉，《中國社會科學季刊》，春季號，頁 17-23。

康曉光，2002a，〈未來 3-5 年中國大陸政治穩定性分析〉，《戰略與管理》，第三期，頁 1-15。

康曉光，2002b，〈權力的轉移——1978～1998 年中國權力格局的變遷〉，《中國社會科學季刊》，夏季號，頁 48。

唐曉清，2003，〈黨內民主是黨的生命〉，《求是》，第七期，頁 22-24。

趙建民、張淳翔，2001，〈中共全國人大黨政關係與中國大陸民主化的前景〉，《中國大陸研究》，43 卷，2 期，頁 1-12。

甄小英、李清華，2003，〈以黨內民主推進人民民主〉，《求是》，第十二期，頁 33-35。

劉作翔，2003，〈擴大公民有序的政治　與〉，《求是》，第十二期，頁 42-44。

謝岳，2002，〈組織結構的制度化重建：開放社會的政治整合〉，《天津社會科學》，第二期，頁 36-42。

三、報紙暨網路資料

中國大陸國務院民政部，《一九九八年社會團體登記管理條例》，網站 http://www.mca.gov.cn/artical/content/PMJN/2003

大陸新聞中心，2003/06/26，〈中共中宣部　點名違紀媒體〉，《中國時報》，版 A13。

中華經濟研究院，《東南亞經貿投資資料庫》，http://www.cier.edu.tw/。

上海市個體勞動者協會，《協會章程》，http://shcor.catcher.com.cn/siqi/gtxhjj.htm

上海市私營企業協會，《協會章程》，http://www.shcor.com/siqi/syqyjj.htm

王玉燕，2002/8/17，〈70 而退確立李瑞環留任李鵬走人〉，《聯合報》，版 13。
北京市私營個體經濟協會，《協會章程》，
　　http://www.gczl.com.cn/intro/zc3.htm。
北京市私營個體經濟協會，《第四屆理事會理事名單》，
　　http://www.gczl.com.cn/intro/cwls.htm
　　http://www.gczl.com.cn/intro/ls.htm;
　　http://www.gczl.com.cn/intro/ls2.htm
　　http://www.gczl.com.cn/intro/ls3.htm。
北京市私營個體經濟協會，《第四屆常務理事會名單》，
　　http://www.gczl.com.cn/intro/cwls.htm
柯林頓，2000/3/10，〈大陸加入世貿組織將有更大的開放與自
　　由〉，《中國時報》，版 14。
民政部，《取締非法民間組織暫行辦法》，網站
　　http://www.mca.gov.cn/artical/content/PMJN/2003122285959.htm。
大陸國務院工商管理局，《關於進一步加強對個體勞動者協
　　會、私營企業協會工作指導的通知》，網站
　　http://www.whhd.gov.cn/news/oldnews/103855416861590100.html
賀靜萍，2002/9/25，〈法輪功蓋台儼然超限戰現實版〉，《聯合
　　報》，版 13。
蘋果日報，2004/11/07
　　http://www.appledaily.com.tw/template/twapple/art_main.cfm
　　?loc=TP&showdate=20041107&scc_id=7&art_id=1362710

貳、英文部分

一、書籍部分

Anderson, Lisa. 1999. ed. *Transitions to Democracy*. New York: Columbia University Press.

Badie, Bertrand and Pierre Birnbaum. 1983. The Sociology of the State. Chicago: The University of Chicago Press.

Baum, Richard and Alexei Shevchenko. 1998. "The State of the State", in Merle Goldman and Roderick Macfarquhar, ed., The Paradox of China's Post-Mao Reforms. Cambridge, Massachusetts: Harvard University Press, p.348.

Bruun,Ole. 1995. "Political Hierarchy and Private Entrepreneurship in a Chinese Neighborhood" in Andrew G. Walder (ed.), The Waning of the Communist State: Economic

Origins of Political Decline in China and Hungary. Berkeley and Los Angeles: University of California Press. pp.184-85

Charles G. Gillespie. 1990." Model of Democratic Transition in South American: Negotiated Reform versus Democratic Rupture". in Diane Ethier. ed. Democratic Transition and Consolidation in South Europe, Latin American and Southeast Asia, London: Macmillan Press Ltd. pp.61-64.

Collier, Ruth Berins and James Jahoney. 1999."Adding Collective Actors to Collective Outcomes: Labor and Recent Democratization in South American and Southern Europe".in Lisa Anderson, ed. Transitions to Democracy. New York: Columbia University Press. pp.97-119

Collier, Ruth Berins. 1999. Paths Toward Democracy: The Working Class and Elites in Western Europe and South America. Cambridge: Cambridge University Press.

Dahl, Robert A. 1989. *Democracy and Its Critics.* New Haven: Yale University Press.

Dahl, Robert A. 1998. *On Democracy.* New Haven: Yale University Press.

Dawisha, Karen. 1997. "Democratization and Political Participation: Research Concepts and Methodologies", in Karen Dawisha and Bruce Parrott. ed. *Potlics, Power, and the Struggle for Democracy in South-East Europe:* Cambridge: Cambridge University Press. pp. 40-65.

Dickson, Bruce J. 2000a. "Political Instability at the Middle and Lower Levels: Signs of a Decaying CCP, Corruption, and Political Dissent", in David Shambaugh. ed. *Is China Unstable?.* Armonk, New York: M. E. Sharpe, Inc. pp.40-56

Dickson, Bruce J. 2003. *Red Capitalists in China: The Party, Private Entrepreneurs, and Prospects for Political Change,* Cambridge: Cambridge University Press.

Ding,Xue Liang. 1994. The Decline of Communism in China: Legitimacy Crisis, 1977-1989, Cambridge: Cambridge University Press.

Ding,Yijiang. 2000. "The Conceptual Evolution of Democracy in Intellectual Circles' Rethinking of State and Society", Suisheng Zhao, ed., *China and Democracy,* New York: Routledge, pp.115-129.

Elinwalter, Dawn. 2000. "The Limits of the Chinese State: Public Morality and the Xu Honggang Campaign," Suisheng Zhao, ed.,

China and Democracy New York: Routledge, pp.173-186.

Evans,Peter et. al. 1985. *Bringing the State Back in*, New York: Cambridge University Press.

Evans, Peter. 1995. *Embeddness Autonomy,* Princeton: Princeton University Press

Fewsmith, Joseph. 1998."Elite Politics", in Merle Goldman and Roderick Macfarquhar, ed., *The Paradox of China's Post-Mao Reforms.* Cambridge, Massachusetts: Harvard University Press, pp.47-75.

Fox, Jonathan. 1997. "How Does Civil Society Thicken? The Political Construction of Social Capital in Rural Mexico," Peter Evans, ed., *State-Society Synergy: Government and Social Capital in Development,* San Francisco: Unviersity of California at Berkeley, pp.119-149.

Goldman, Merle and Roderick Macfarquhar. 1998. "Dynamic Economy, Declining Party-State", in Merle Goldman and Rodcrick Macfarquhar. ed. *The Paradox of China's Post-Mao Reforms.* Cambridge, Massachusetts: Harvard University Press, pp.3-29

Goodman, S. G. David. 1996. "The People's Republic of China: the Party-State, Capitalist Revolution and New Entrepreneurs", in Richard Robison and David S.G. Goodman. ed. *The New Rich in Asia: Mobile Phones, Mcdonalds and Middle-Class Revolution.* London: Routledge. pp. 225-242

Goodman, S. G. David. 1998. "The New Middle Class"in Merle Goldman and Roderick Macfarquhar. ed. *The Paradox of China's Post-Mao Reforms.* Cambridge, Massachusetts: Harvard University Press. pp.241-261.

Grey, Robert D. 1997. "The Impact of External Factors on the Future of Democracy in the FSU and Eastern Europe". in Robert D. Grey. ed. *Democratic Theory and Post-Communist Change.* New Jersey: Prentice Hall. pp.248-266

Grieco, Joseph. 2002. "China and America in the New World Polity", in Carolyn W Pumphrey,. ed. *The Rise of China in Asia: Security Implication.* Carlisle, PA: Strategic Studies Institute. pp.21-48

Haggard, Stephan and Robert R. Kaufman. 1995. *The Political Economy of Democratic Transitions,* Princeton: Princeton University Press.

Haggard, Stephan. 2000. *The Political Economy of the Asian*

Financial Crisis, Washington D.C.: Institute for Inernational Economics.

Haggard, Stephan and Mathew D. McCubbins, ed. 2001. *Presidents, Parliaments, and Ploicy,* Cambirdge: Cambirdge University Press.

Hartford,Kathleen. 1990. "The Political Economy Behind Beijing Spring", in Tony Saich, ed., *The Chinese People's Movement: Perspectives on Spring 1989.* Armonk, New York: M. E. Sharpe, Inc., pp.70-73.

Heller, Patrick. 1997. "Social Capital, Class Mobilization, and State Intervention,"Peter Evans, ed., *State-Society Synergy: Government and Social Capital in Development,* San Francisco: Unviersity of California at Berkeley, pp.48-84.

Howard, Marc Morje. 2003. *The Weakness of Civil Society in Post-Communist Europe*, Cambridge: Cambridge University Press.

Hu,Shaohua. 2000. *Explaining Chinese Democratization,* Westport, Connecticut: Praeger.

Huntington, Samuel. 1991. *The Third Wave: Democratization in the Late Twentieth Century.* Norman: University of Oklahoma Press.

Gu, Edward X. 2000. "Plural Institutionalism and the Emergence of Intellectual Public Spaces in China", Suisheng Zhao, ed., *China and Democracy* (New York: Routledge,), pp.141-172.

Migdal, Joel S. 2001. *State in Society: Studying How States and Societies Transform and Constitute One Another,* Cambridge: Cambridge University Press

Joseph, Richard. 1999."Democratization in Africa after 1989: Comparative and Theoretical Perspective," in Lisa Anderson. ed. *Transitions to Democracy.* New York: Columbia University Press. pp.237-260

Kesseoman, Mark et al. 1996. *Democracies at the Crossroads.* Lexington: D.C. Heath and Company.

Kim, Sunhyuk. 2000. *The Politics of Democratization in Korea: The Role of Civil Society.* Pittsburgh: University of Pittsburgh Press.

Krasner, Stephen D. 1978. *Defending the National Interest: Raw Materials Investments and U.S. Foreign Policy*, Princeton, New Jersey: Princeton University Press.

Lampton, David M. 2001. *Same Bed, Different Dreams: Managing*

U.S.-China Relations, 1989-2000, Berkeley and LosAngeles: University of California Press.

Li, Cheng. 2001. "Diversification of Chinese Entrepreneurs and Cultural Pluralism in the Reform Era", Shiping Hua,ed., *Chinese Political Culture.* Armonk, New York: M. E. Sharpe. pp.219-245

Lin, Jing. 1994. *The Opening of the Chinese Mind: Democratic Changes in China Since 1978.* Westport, Connecticut: Praeger.

Linz, J. Juan, and Alfred Stepan. 1996. *Problems of Democratic Transition and Consolidation: South Europe, South America, and Post-Communist Europe.* Baltimore: Johns Hopkins University Press.

Linz, J. Juan. 2000. *Totalitarian and Authoritarian Regime.* Boulder, Colorado: Lynne Rienner Publishers, Inc.

Liu, Alan P.L. 1976. *Political Culture & Group Conflict in Communist China.* Santa Barbara: Clio Press, Inc.

Manning, Stephen. 1984. "Social and Cultural Prerequisites of Democratization: Generalizing from China", Edward Friedman, ed., *The Politics of Democratization: Generalizing East Asian Experience.* Boulder, Colorado: Westview Press, pp.232-248

Markovitz, Irivng Leonard. 1999. "Constitutions, The Federalist Papers, and the Transition to Democracy" , in Lisa Anderson. ed. *Transitions to Democracy.* New York: Columbia University Press. pp.42-71

McCormick, Barrett L. 1990.*Political Reform in Post-Mao China: Democracy and Bureaucracy in a Leninist State,* Berkeley and Los Angeles: University of California Press.

McCormick, Barrett L. 1996. "China's Leninist Parliament and Public Sphere: A Comparative Analysis," Barrett L. McCormick and Jonathan Unger, ed., *China after Socialism: In the Footsteps of Eastern Europe or East Asia?* Armonk, New York: M. E. Sharpe, Inc., pp.29-53.

Mendelson, Sarah E. and John K. Glenn.2002. "Transnational Networks and NGOs in Postcommunist Societies," Sarah E. Mendelson and John K. Glenn, ed., *The Power and Limits of NGOs,* New York: Columbia University Press, p.6.

Metzger, Thomas A. 1996. "The U.S. Quest for Morality in Foreign Policy and the Issue of Chinese Democratization". Metzger, Thomas A. and Ramon H. Myers. ed. *Greater China and U.S. Foreign Policy: the Choice between Confrontation and Mutual Respect.* Stanford, California: Hoover Institution Press. pp.84-103.

Misra, Kalpana.2002. "Curing the Sickness and Saving the Party: Neo-Maoism and Neo-Conservatism in the 1990s". Hua, Shiping. ed. *Chinese Political Culture.* Armonk, New York: M. E. Sharpe. pp.133-160

Mok, Ka-ho. 2000. *Social and Political Development in Post-Reform China.* New York: Macmillan Press Ltd.

Moore,Barrington Jr.. 1966. *Social Origins of Dictatorship and Democracy: Lord and Peasant in the Making of the Modern World.* Boston: Beacon Press.

Mutti, John H. 1997."Economic Policy and Democratization in the Former Communist States", in Robert D. Grey. ed. *Democratic Theory and Post-Communist Change.* New Jersey: Prentice Hall. pp. 217-245

Nelsen, Harvey. 2000."The Future of Chinese State," David Shambaugh, ed., *The Modern Chinese State,* Cambridge: Cambridge University Press, pp.216-236.

O'Donnell, Guillermo and Philippe c. Schmitter. 1986. *Transitions from Authoritarian Rule: Tentative Conclusions about Uncertain Democracies.* Baltimore: Johns Hopkins University Press.

Ogden, Suzanne. 2002. *Inklings of Democracy in China.* Cambridge: Harvard University Asia Center.

Ohmae,Kenichi. 1995. *The End of the Nation State: The Rise of Regional Economies,* New York: The Free Press.

Oi.,Jean C. 1990. " The Fate of the Collective after the Commune", Deborah Davis and Ezra F. Vogel, ed., *Chinese Society on the Eve of Tiananmen: The Impact of Reform.* Cambridge, MA: Council on East Asian Studies, Harvard University. p.33.

Oi, Jean C. 1999. *Rural China Takes Off: Institutional Foundations of Economic Reform,* Berkeley: Unviersity of California Press.

Ostrom, Elinor. 1997. "Crossing the Great Divide: Coproduction, Synergy, and Development," Peter Evans, ed., *State-Society Synergy: Government and Social Capital in Development,* San Francisco: Unviersity of California at Berkeley, pp.85-118.

Pearson, Margaret M. 1997. *China's New Business Elite.* Berkeley and L.A.: University of California Press.

Pempel,T.J. 1999. "The Developmental Regime in a Changing World Economy", Meredith Woo-Cumings, ed., *The Developmental State,* (Ithaca: Cornell University Press,), pp.137-181.

Potter, David. 1993. "Democratization in Asia", in David Held ed., *Prospects for Democracy.* Cambridge: Polity Press, pp.357-358.

Potter, David. 1997. "Explaining Democratization". in David Potter et al. ed. *Democratization.* Cambridge: Polity Press. pp.1-40

Przeworski, Adam .1986 ."Problems in the Study of Transition to Democracy," in Guillermo O'Donnell, et al. ed. *Transitions from Authoritarian Rule: Prospects for Democracy.* Baltimore: Johns Hopkins University Press. pp.47-56

Putnam,Robert D. 1993. *Making Democracy Work: Civic Traditions in Modern Italy,* (Princeton, N.J.: Princeton University Press.

Pye, Lusian. 1981. *The Dynamics of Chinese Politics.* Cambridge, MA: Oelgeschlager, Gunn&Jain.

Pye, Lusian. 1985. *Asian Power and Politics: Cultural Dimension of Authority.* Boston: Harvard University Press.

Pye, Lusian. 1988. *The Mandarin and the Cadre: China's Political Culture. Ann Arber: Center for Chinese Studies,* The University of Michigan.

Pye, Lusian. 1996. "The State and the Individual: An Overview Interpretation," *Brian Hook, ed., The Individual and the State in China,* Oxford: Oxford University Press, pp.16-42.

Reisinger, William R. 1997. "Establishing and Strengthening Democracy", in Robert D. Grey .ed. *Democratic Theory and Post-Communist Change.* New Jersey: Prentice Hall. pp.52-78

Rejai, M. 1967. ed. *Democracy: The Contemporary Theory.* New York: Atherton Press.

Robison, Richard. 1996. " The Middle Class and the Bourgeoisie in Indonesia", in Richard Robison and David S.G. Goodman. ed. *The New Rich in Asia: Mobile Phones, Mcdonalds and Middle-Class Revolution.* London: Routledge. pp.79-104

Robison, Richard and David S.G. Goodman. 1996. " The New Rich in Asia: Economic Development, Social Status and Political Consciousness", in Richard Robison and David S.G. Goodman. ed. *The New Rich in Asia: Mobile Phones,*

161

Mcdonalds and Middle-Class Revolution. London: Routledge. pp.1-18

Rosenbaum, Authur Lewis. 1992.*State and Society in China: The Consequences of Reform.* Boulder, Colorado: Westview Press.

Rostow, Dankwart A. 1999. "Transitions to Democracy: Toward a Dynamic Model", in Lisa Anderson. ed. *Transitions to Democracy.* New York: Columbia University Press. pp.14-41

Saich, Tony. 1991. "The Rise and Fall of the Beijing People's Movement". in Jonathan Unger, ed. *The Pro-Democracy Protests in China: Reports from the Provinces.* Armonk, New York: M. E. Sharpe, Inc. pp.9-20.

Saich,Tony. 2001. *Governance and Politics of China.* Hampshire, GB: Palgrave.

Sartori,Giovanni. 1976. *Parties and Party Systems: A Framework for Analysis. Cambirdge: Cambirdge University Press.*

Sartori, Giovanni. 1987. *The Theory of Democracy Revisited.* Chatham, New Jersey: Chatham House Publishing,Inc.

Schumpeter,Joseph A. 1950. *Capitalism, Socialism, and Democracy.* New York: Harper & Brothers Publishers.

Selden, Mark. 1993. *The Political Economy of Chinese Development*, Armonk, New York: M. E. Sharpe, Inc.

Shambaugh,David. 2000. "The Chinese State in the Post-Mao Era," David Shambaugh, ed., *The Modern Chinese State*, Cambridge: Cambridge University Press, pp.161-187.

Skocpol,Theda. 1979. *States and Social Revolutions,* Cambridge: Cambridge University Press.

Skocpol,Theda. 1994. *Social Revolution in the Modern World,* Cambridge: Cambridge University Press.

Smith, Tony. 1998. "The International Origins of Democracy: The American Occupation of Japan and Germany", in Theda Skocpol. ed. *Democracy, Revolution, and History*. Ithaca: Cornell University Press. pp.202-209

Solinger, Dorothy J. 1992. "Urban Entrepreneurs and the State: The Merger of State and Society," in Authur Lewis Rosenbaum, ed., *State and Society in China: The Consequences of Reform.* Boulder, Colorado: Westview Press. pp.121-141.

Solinger, Dorothy J. 1993. *China's Transition from Socialism: Statist Legacies and Marketing Reforms.* Armonk, New York: M. E. Sharpe, Inc.

Solomon, Richard. 1971. *Mao's Revolution and the Chinese*

Political Culture. Berkeley:University of California Press.

Sorensen , Georg. 1998. Democracy and Democratization. 2nd edition . Boulder: Westview Press.

Unger, Jonathan and Anita Chan. 1995. "Corporatism in China: A Developmental State in an East Asian Context" in Barrett L. McCormick and Jonathan Unger, ed., *China after Socialism: In the Footsteps of Eastern Europe or East Asia?* Armonk, NY: M.E. Shape, pp.95-129.

Vahhanen, Tatu. 1990. The Process of Democratization: A Comparative Study of 147 States. New York: Tarlor & Francis Ltd.

Vogel,Steven K. 1996. *Freeer Market, More Rules: Regulatory Reform in Advanced Industrial Countries*, Ithaca, New York: Cornell University Press.

Walder, Andrew G. 1995. " The Quiet Revolution from Within: Economic Reform as a Source of Political Decline", Andrew G. Walder, ed., *The Waning of the Communist State: Economic Origins of Political Decline in China and Hungary,* (Berkeley and Los Angeles: University of California Press,)

Walder, Andrew. 1998. "The County Government as an Industrial Corporation", Andrew Walder ed., *Zouping in Transition: The Process of Reform in Rural North China,* Cambridge: Harvard University Press, p.84.

Weiss, Linda. 1998. *The Myth of the Powerless State.* Ithaca, New York: Cornell University Press.

White, Gordon et. al. 1996. *In Search of Civil Society: Market Reform and Social Change in Comtemporary China.* Oxford: Oxford University Press.

Whitehead, Laurence. 1986 ."International Aspects of Democratization", in Guillermo

O'Donnell. et al. ed. *Transitions from Authoritarian Rule: Prospects for Democracy.* Baltimore: Johns Hopkins University Press. pp.34-55.

Whyte, Martin K. 1992. "Urban China: A Civil Society in the Making?" in Authur Lewis Rosenbaum, ed., *State and Society in China: The Conwequences of Reform*, Boulder, Colorado: Westview Press, pp.78-97.

Whyte, Martin King. 2000. "Chinese Social Trends: Stability or Chaos?"in David Shambaugh. ed. *Is China Unstable?.* Armonk, New York: M. E. Sharpe, Inc., pp.43-63.

163

二、期刊部分

Baum, Richard. 1996. "China After Deng: Ten Scenarios in Search of Reality," *The China Quarterly,* No.145 (March), pp.153-175.

Blecher, Marc J. 2002. "Hegemony and Worker's Politics in China". *The China Quarterly,* No.170(June), pp.283-303.

Brzezinski, Zbigniew et al. 1998. *Journal of Democracy.* 9,1 (July): 4-64.

Cai, Yongshun. 2002. "The Resistance of Chinese Laid-off Workers in the Reform Period". *The China Quarterly* No.170(June), pp.327-344.

Campell, John. 1998. "Institutional Analysis and the Role of Ideas in Political Economy", *Theory and Society,* 27 (June): 377-409.Chamberlain, Heath B. 1993. "On the Search for Civil Society in China," *Modern China,* Vol.19, No.2 (April), pp.199-215.

Chan, Anita. 1993. "Revolution or Corporatism? Workers and Trade Union in Post-Mao China," *The Australian Journal of Chinese Affairs.* No.29(January), pp.63-87.

Cohen, Youssef and Franco Pavoncello. 1987. "Corporatism and Pluralism: Acritique of Schmitter's Typology." *British Journal of Political Science.* Vol.17, No.1 (January), pp.117-122.

Diamond, Larry. 2002. "Thinking about Hybrid Regimes". *Journal of Democracy,* Vol.13, No.2 (April), pp. 21-35.

Dickson, Bruce J. 2000b. " Democratic Development in Taiwan: A Model for the PRC?" *PacNet Newsletter,* No. 43 (October 27), pp.1-7.

Dickson,Bruce J. 2000c. "Cooptation and Corporatism in China: The Logic of Party Adaptation", *Political Science Quarterly,* Vol.115, No.4, p.537。

Dittmer, Lowell. 2003. "Leadership Change and Chinese Political Development", *The China Quarterly,* No.176 (December), pp.903-925.

Eckstein, Harry. 1988. "A Culturalist Theory of Political Change," *American Political Science Review*, 82, 4 (December): 789-804.

Foster,Kenneth W. 2002. "Embedded Within State Agencies: Business Association in Yantai," *The China Journal,* No.47 (January), pp.41-65.

Fowler, James. 1999. "The United States and South Korean Democratization". *Political Science Quarterly.* Vol.114, No.2, pp.265-288.

Gold,Thomas B. 1990. "The Resurgence of Civil Society in China", *Journal of Democracy,Vol.*1, No.1 (Winter), pp.18-31.

Goldstone, Jack A. 1995. "The Coming Chinsese Collapse, " *Foreign Policy,* No.99(Summer), pp.35-52.

Huntington, Samuel. 1984." Will More Countries Become Democratic?" *Political Science Quarterly,* No. 3(Summer), pp. 193-218.

Inglehart, Ronald. 1988. "The Renaissance of Political Culture," *American Political Science Review*, Vol.82, No.4 (December), pp.1203-1230.

Kraats, Mattew S. and Edward J. Zajac. 1996. " Exploring the Limits of the New Institutionalism: The Cause and Consequences of Illegitimate Organizational Change", *American Sociological Review,* No.61(October), p. 812.

Lardy, Nicholas R. 2002. "China and the WTO: The Coming Collapse?" *Issues & Studies,* Vol.38, No.2(June), pp 238-241

Lee,Yeon-ho. 2000. "The Failure of the Weak State in Economic Liberalization: Liberalization, Democratization and the Financial Crisis in South Korea," *The Pacific Review.* Vol.13, No.1, pp.115-131.

Lieberman, Robert C. 2002. "Ideas, Institutions, and Political Order: Explaining Political Change", *American Political Science Review,* Vol.96, No.4 (December), pp.697-712.

Karl, Terry Lynn, 1990. "Dilemmas of Democratisation in Latin America," *Comparative Politics*, Vol.23, No.1, pp.1-12.

Lin, Nan. 1995. "Local Market Socialism: Local Corporatism in Action in Rural China", *Theroy and Society,* Vol.24, No.3(June), pp.301-54.

Lipset, S.M. 1959." Some Social Requisites of Democracy: Economic Development and Political Legitimacy".*The American Political Science Review,* Vol.53, No.1, pp. 69-105.

Lipset, S.M., Kyoung-Ryung Seong, and John Charles Torres. 1993."A Comparative Analysis of the Social Requisites of Democracy," *International Social Science Journal* 45(May):155-175.

Liu,Yia-ling. 1992. "Reform from Below: The Private Economy and Local Politics in the Rural Industrialization of Wenshou",

The China Quarterly, No.130(June), pp.293-316.

McFaul, Michael. 1999. "Lessons from Russian's Protracted Transition from Communist Rule", *Political Science Quarterly,* Vol.114, No.1, pp.103-130.

McFaul, Michael .2002. "The Fourth Wave of Democracy and Dictatorship," *World Politics*, No.54(January), pp.212-44。

Moody, Peter R. Jr. 1994. "Trends in the Study of Chinese Political Culture". *The China Quarterly,* No.139 (September), pp.731-740.

Munck,Gerardo L. 1994. "Democratic Transitions in Comparative Perspective", *Comparative Politics,* No.26 (April), pp.355-375.

Nee,Victor. 1992. "Organizational Dynamics of Market Transition: Hybrid Forms, Porperty Rights, and Mixed Economy in China", *Administrative Science Quarterly,* Vol.37, No.1, p.27.

Nevitt, Christopher Earle. 1996. "Private Business Associations in China: Evidence of Civil Society or Local State Power?" *The China Journal,* No.36 (July), pp.25-43.

O'Brien, Kevin J. and Lianjiang Li. 2000. "Accommodating Democracy in a One-Party State: Introducing Village Elections in China," *The China Quarterly,* No.162(June), pp.465-489

Oi, Jean C. 1992. "Fiscal Reform and the Economic Foundations of Local State Corporatism in China", *World Politics,* Vol.45, No.1(October), pp. 99-126.

Oi, Jean C. 1995. "The Role of the Local State in China's Transtional Economy", *The China Quarterly*, No.144 (December), p.1148.

Palma,Giuseppe Di. 1991. "Ligitimation from the Top to Civil Society: Politico-Cultural Change in Eastern Europe," *World Politics,* No.44 (October), pp.49-80.

Parris, Kristen. 1993. "Local Initiative and Natioal Reform: The Wenzhou Model of Development", *The China Quarterly*, No.134 (June), pp.242-263.

Pearson, Margaret M. 1994. "The Janus Face of Business Associations in China: Socialist Corporatism in Foreign Enterprises," *The Australian Journal of Chinese Affairs. No.*31 (January), pp.25-46.

Peng,Yusheng. 2001. " Chinese Villages and Townships as Industrial Corporations: Ownership, Governance, and Market Discipline", *American Journal of Sociology*, Vol.106, No.5(March), pp.1338-70.

Rocca, Jean-Louis. 2003. "The Rise of the Social and the Chinese State," *China Information*, Vol.XVII, No.1, pp.1-27.

Rowen, Henry. 1996. "The Short March: China's Road to Democracy," *The National Interest*, No.45(Fall), pp.61-70.

Sancton,Thomas A. 1987. "Democracy's Fragile Flower Spreads Its Roots, *Time*,Vol.130, No.2, pp.10-11.

Sargeson, S. and Jian Zhang. 1999. "Re-Assessing the Role of thd Local State: A Case Study of Local Government Interventions in Property Rights Reform in a Hangzhou District", *The China Journal*, No.40(July), pp.77-99.

Schwartz, Jonathan. 2004. "Environmental NGOs in China: Roles and Limits," *Pacific Affairs*, Vol.77, No.1(Spring), pp.28-34.

Shi, Tianjian. 2000. "Culture Values and Democracy in the People's Republic of China". *The China Quarterly* No.162 (June), pp.540-558.

Solinger, Dorothy J. 2001. "Ending One-Party Dominance: Korea, Taiwan, Mexico," *Journal of Democracy*, Vol.12, No.1 (January), pp.30-42.

Tang, Wenfang. 2001. "Political and Social Trends in the Post-Deng Urban China: Crisis or Stability?" *The China Quarterly*, No.168 (December), pp. 890-909.

The Editors. 1998. "Will China Democratize?" *Journal of Democracy*. Vol. 9, No.1 (July), p. 3.

Thornton, Patricia M. 2002. "Framing Dissent in Contemporary China: Irony, Ambiguity and Metonymy". *The China Quarterly*, No.171 (September), pp.661-681.

Thompson, Mark R. 2001. "Whatever Happened to Asian Values?" *Journal of Democracy*. Vol.12, No.4 (October), pp.154-165.

Tong, James. 2002. "An Organizational Analysis of the Falun Gong: Structure, Communication, Financing". *The China Quarterly*, No.171 (September), pp.636-660.

Unger, Jonathan and Anita Chan. 1995. "China, Corporatism, and the East Asian Model," *The Australian Journal of Chinese Affairs*. No.33 (January), pp.29-52.

Unger, Jonathan. 1996. "Bridges: Private Business, the Chinese Government and the Rise of New Association". *The China Quarterly*. No.147 (September), pp.95-819.

Wang, Shaoguang. 2000a. "The Social and Political Implications of China's WTO Membership," *Journal of Contemporary China*, Vol.9, No.25, pp.373-405.

Wang Shaguang. 2000b. "Money and Autonomy: Dilemma Faced by Nonprofit Sector"The Chinese University of Hong Kong, www.cuhk.edu.hk/gpa/wang_files.

Wank, David L. 1995. " Private Business, Bureaucracy, and Political Alliance in a Chinese City," *the Australian Journal of Chinese Affairs*, No.33 (January), pp.55-71.

Weigle, Marcia A. and Jim Butterfield, 1992. "Civil Society in Reforming Communist Regimes: The Logic of Emergence", *Comparative Politics,* No.25 (October), pp.1-23.

White, Gordon. 1993. "Prospects for Civel Society in China: A Case Study of Xiaoshan City", *The Australian Journal of Chinese Affairs*.No.29 (January), pp.63-87.

Wu, Yu-Shan. 2002. "The Coming Collapse of China and the Question of Methodology". *Issues & Studies,* Vol.38, No.2 (June), pp. 235-238.

Yan,Guobin. 2005. "Environmental NGOs and Institutional Dynamics in China," *The China Quarterly,* No.181 (March), pp.46-66.

Yang, Dali L. 2003. "State Capacity on the Rebound", *Journal of Democracy,* Vol.14, No.1 (January,), pp.43-50.

Yang, David Da-hua. 2004., "Civil Society as an Analytic Lens for Comtemporary China," *China: an Internatioal Journal,* Vol.2, No.1, pp.1-27.

Yep, Ray. 2000. "The Limitations of Corporatism for Understanding Reforming China: an empirical analysis in a rural county,"*Journal of Contemporary China,* Vol.9, No.25, pp. 547-566.

Zheng, Yongnian. 1994. " Development and Democracy: Are They Compatible in China". *Political Science Quarterly,* Vol.109, No.2, p.2.

附錄一：一九八九年社會團體登記管理條例

中華人民共和國國務院令

第 43 號

一九八九年十月二十五日

社會團體登記管理條例

第一章　總則

第 一 條　　為保障公民的結社自由，保障社會團體的合法
　　　　　　權益，加強對社會團體的管理，發揮社會團體在社
　　　　　　會主義建設中的積極作用，制定本條例。

第 二 條　　在中國人民共和國境內組織的協會、學會、聯
　　　　　　合會、研究會、基金會、促進會、商會等社會團體，
　　　　　　均應依照本條例的規定申請登記。社會團體經核准
　　　　　　登記後，方可進行活動。但是，法律、行政法規另
　　　　　　有規定的除外。

第 三 條　　社會團體必須遵守憲法和法律、法規，維護國
　　　　　　家的統一和民族的團結，不得損害國家的、社會的、
　　　　　　集體的利益和其他公民的合法自由和權利。

第 四 條　　社會團體不得從事以營利為目的經營性活動。

第 五 條　　國家保護社會團體依照其登記的章程進行活
　　　　　　動，其他任何組織和個人不得非法干涉。

第　六　條　　社會團體的登記管理機關是中華人民共和國民
　　　　　　　政部和縣級以上地方各級民政部門。

　　　　　　　　社會團體的業務活動受有關業務主管部門的指
　　　　　　　導。

第二章　管轄

第　七　條　　成立全國性的社會團體，向民政部申請登記。
　　　　　　　成立地方性的社會團體，向其辦事機構所在地相應
　　　　　　　的民政部門申請登記。成立跨行政區域的社會團
　　　　　　　體，向所跨行政區域的共同上一級民政部門申請登
　　　　　　　記。

第　八　條　　有關業務主管部門和登記管理機關應當對核准
　　　　　　　登記的社會團體進行日常管理。

　　　　　　　　登記管理機關與其核准單位的社會團體的辦事
　　　　　　　機構不在同一行政區域的，可以委託該社會團體辦
　　　　　　　事機構所在地的登記管理機關負責日常管理。

第三章　成立登記

第　九　條　　申請成立社會團體，應當經過有業務主管部門
　　　　　　　審查同意後，向登記管理機關申請登記。

第　十　條　　申請成立社會團體，應當向登記機關提交下列
　　　　　　　材料：

　　　　　　　　(一) 負責人簽署的登記申請書；

　　　　　　　　(二) 有關業務主管部的審查文件；

　　　　　　　　(三) 社會團體的章程；

　　　　　　　　(四) 辦事機構地址或者聯絡地址；

　　　　　　　　(五) 負責人的姓名、年齡、住址、職業及簡歷；

(六) 成員數額；

第 十一 條　社會團體的章程應當載明下列事項：

(一) 名稱；

(二) 宗旨；

(三) 經費來源；

(四) 組織機構；

(五) 負責人產生的程序；

(六) 章程的修改程序；

(七) 社會團體的終止程序；

(八) 其他必要事項。

第 十二 條　社會團體具備法人資的，經核准登記後，取得法人資格。

全國性團體必須具備法人條件。

第 十三 條　登記管理機關在受理申請後三十日內，應當以書面形式作出核准登記或者不予登記的答覆。

第 十四 條　經核准登記的社會團體，發給社會團體登記證書；對具備法人條件的，發給社會團體法人登記證；對不具備法人條件的，發給社會團體登記證。

經核准登記的社會團體法人，由登記管理機關在報刊上公告。

第 十五 條　申請人對於各級民政部門不予登記不服的，在接到書面答覆後的十日內，可以向上一級民政部門請求復議。上一級民政部門在接到復議請求後，應當在三十日內作出書面答覆，并報本級人民政府備案。

申請人對於各級民政部不予登記不服的，在接到書面答覆後的十日內，可以向民政部請求復議。

民政部門在接到復議請求後，應當在三十日內作出
書面答覆，并報國務院備案。

第 十六 條　　社會團體的名稱，應當與社會團體的業務範
圍，成員分布、活動地域相一致。

非全國性社會團體的名稱不得冠以"中國"、
"全國"、"中華"等字樣。

同一行政區域內不得重覆成立相同或者相似的
社會團體。

第 十七 條　　社會團體憑社會團體登記證，可以按照有關規
定刻制印章和開立銀行帳戶。

社會團體應當將啟用的印章和制發的會員證樣式報
送登記管理機關備案。

第 十八 條　　社會團體登記證書不得塗改、轉讓、出借。

社會團體登記證書遺失的，應當及時聲明作廢，並
向登記者管理機關申請補發。

第四章　　變更登記、註銷登記

第 十九 條　　社會團體的變更或者注銷，應當經過有關業務
主管部門審查同意後，向登記管理機關申請登記。

第 二十 條　　社會團體改變名稱、法定代理人或者負責人、
辦事機構地址或聯絡者地址，應當在改變後的十日
內向原登記管理機關辦理變更登記。

第二十一條　　社會團體改變宗旨，或者由於其他變更造成與
原登記管理機關管轄範圍不一致的，應當到原登記
管理機關辦理註銷登記，交回社會團體登記證書和
印章，並依照條例第三章的規定到相應的登記管理

機關辦理成立登記。

第二十二條　　社會團體自行解散的，應當向原登記管理機關辦理註銷登記。辦理註銷登記須提交其法定代表人或者負責人簽署的註銷登記申請書，有關業務主管部門的審查文件和清理債務完結的證明。登記管理機關核准後，收繳社會團體登記證書和印章。社會團體法人在註銷登記後，由登記管理機關在報刊上公告。

第五章　監督管理

第二十三條　　登記管理機關對社會團體行使下列監督管理職責：

(一) 監督社會團體遵守憲法和法律；

(二) 監督社會團體依照本條例的規定，履行登記手續；

(三) 監督社會團體依照登記的章程進行活動。

第二十四條　　登記管理機關對社會團體行使年度檢查制度。社會團體應當於每年第一季度向登記管理機關提交上一年度的年檢報告和有關材料。

第二十五條　　社會團體違反本條例的規定下列情形之一的，登記管理機關可以依據情節輕重分別予以警告、停止活動、撤銷登記、依法取締的處罰：

(一) 登記中隱瞞真實情況、弄虛作假的；

(二) 塗改、轉讓、出借社會團體登記證書的；

(三) 從事以營利為目的的經營性活動的；

(四) 違反章程規定的宗旨進行活動的；

(五) 從事危害國家利益的活動的。

予以撤銷登記、依法取締的處罰，由登記管理機關公布。

第二十六條　　未經核准登記擅自以社會團體名義進行活動不聽勸阻的，由民政部門命令解散。

第二十七條　　登記管理機關處理社會團體的違法行為，必須查明事實，依法辦理，並將處理決定書面通知社會團體法定代表人或者負責人。

第二十八條　　社會團體對於地方各級民政部門作出的處罰決定不服的，其法定代表人或者負責人可以在接到處罰決定書後十日內，向上一級民政部門申請復議；上一級民政部門應當在接到申請復議書之日起三十日內作出復議決定。

社會團體對於民政部作出的處罰決定不服的，按照前款規定的期限由民政部復議。

第六章　附則

第二十九條　　本條例施行前成立的社會團體尚未登記的，應當在本條例施行之日起一年內，依照本條例的規定申請登記；已經登記的，應當辦理換證手續。

第　三十　條　　非中國公民和在境外的中國公民在中國境內成立社會團體的登記管理辦法，另行規定。

第三十一條　　條例由民政部負責解釋。

第三十二條　　本條例自發布之日起施行。一九五〇年十月十九日中央人民政府政務院公布的《社會團體登記暫行辦法》同時廢止。

附錄二：一九九八年社會團體登記管理條例

社會團體登記管理條例

（1998 年 10 月 25 日國務院令第 250 號發佈）

第一章　總則

第　一　條　　為了保障公民的結社自由，維護社會團體的合
法權益，加強對社會團體的登記管理，促進社會主
義物質文明、精神文明建設，制定本條例。

第　二　條　　本條例所稱社會團體，是指中國公民自願組
成，為實現會員共同意願，按照其章程開展活動的
非營利性社會組織。

國家機關以外的組織可以作為單位會員加入社
會團體。

第　三　條　　成立社會團體，應當經其業務主管單位審查同
意，並依照本條例的規定進行登記。社會團體應當
具備法人條件。

下列團體不屬於本條例規定登記的範圍：

(一) 參加中國人民政治協商會議的人民團體；

(二) 由國務院機構編制管理機關核定，並經國
務院批准免於登記的團體；

(三) 機關、團體、企業事業單位內部經本單位

　　　　　　　批准成立、在本單位內部活動的團體。

第　四　條　社會團體必須遵守憲法、法律、法規和國家政策，
　　　　　　不得反對憲法確定的基本原則，不得危害國家的統
　　　　　　一、安全和民族的團結，不得損害國家利益、社會
　　　　　　公共利益以及其他組織和公民的合法權益，不得違
　　　　　　背社會道德風尚。

　　　　　　　社會團體不得從事營利性經營活動。

第　五　條　　國家保護社會團體依照法律、法規及其章程開
　　　　　　展活動，任何組織和個人不得非法干涉。

第　六　條　國務院民政部門和縣級以上地方各級人民政府民
　　　　　　政部門是本級人民政府的社會團體登記管理機關
　　　　　　（以下簡稱登記管理機關）。

　　　　　　　國務院有關部門和縣級以上地方各級人民政府
　　　　　　有關部門、國務院或者縣級以上地方各級人民政府
　　　　　　授權的組織，是有關行業、學科或者業務範圍內社
　　　　　　會團體的業務主管單位（以下簡稱業務主管單位）。

　　　　　　　法律、行政法規對社會團體的監督管理另有規
　　　　　　定的，依照有關法律、行政法規的規定執行。

第二章　管轄

第　七　條　　全國性的社會團體，由國務院的登記管理機關
　　　　　　負責登記管理；地方性的社會團體，由所在地人民
　　　　　　政府的登記管理機關負責登記管理；跨行政區域的
　　　　　　社會團體，由所跨行政區域的共同上一級人民政府
　　　　　　的登記管理機關負責登記管理。

第　八　條　　登記管理機關、業務主管單位與其管轄的社會

團體的住所不在一地的，可以委託社會團體住所地的登記管理機關、業務主管單位負責委託範圍內的監督管理工作。

第三章 成立登記

第　九　條　申請成立社會團體，應當經其業務主管單位審查同意，由發起人向登記管理機關申請籌備。第十條 成立社會團體，應當具備下列條件：

(一) 有 50 個以上的個人會員或者 30 個以上的單位會員；個人會員、單位會員混合組成的，會員總數不得少於 50 個；

(二) 有規範的名稱和相應的組織機構；

(三) 有固定的住所；

(四) 有與其業務活動相適應的專職工作人員；

(五) 有合法的資產和經費來源，全國性的社會團體有 10 萬元以上活動資金，地方性的社會團體和跨行政區域的社會團體有 3 萬元以上活動資金；

(六) 有獨立承擔民事責任的能力。社會團體的名稱應當符合法律、法規的規定，不得違背社會道德風尚。社會團體的名稱應當與其業務範圍、成員分佈、活動地域相一致，準確反映其特徵。全國性的社會團體的名稱冠以 "中國"、"全國"、"中華" 等字樣的，應當按照國家有關規定經過批准，地方性的社會團體的名稱不得冠以

　　　　　　　　　　"中國"、"全國"、"中華"等字樣。

第 十一 條　　申請籌備成立社會團體，發起人應當向登記管
　　　　　　理機關提交下列文件：

　　　　　　(一) 籌備申請書；

　　　　　　(二) 業務主管單位的批准檔；

　　　　　　(三) 驗資報告、場所使用權證明；

　　　　　　(四) 發起人和擬任負責人的基本情況、身份證
　　　　　　　　明；

　　　　　　(五) 章程草案。

第 十二 條　　登記管理機關應當自收到本條例第十一條所列
　　　　　　全部有效檔之日起 60 日內，作出批准或者不批准籌
　　　　　　備的決定；不批准的，應當向發起人說明理由。

第 十三 條　　有下列情形之一的，登記管理機關不予批准籌
　　　　　　備：

　　　　　　(一) 有根據證明申請籌備的社會團體的宗旨、
　　　　　　　　業務範圍不符合本條例第四條的規定的；

　　　　　　(二) 在同一行政區域內已有業務範圍相同或者
　　　　　　　　相似的社會團體，沒有必要成立的；

　　　　　　(三) 發起人、擬任負責人正在或者曾經受到剝
　　　　　　　　奪政治權利的刑事處罰，或者不具有完全
　　　　　　　　民事行為能力的；

　　　　　　(四) 在申請籌備時弄虛作假的；

　　　　　　(五) 有法律、行政法規禁止的其他情形的。

第 十四 條　　籌備成立的社會團體，應當自登記管理機關批
　　　　　　准籌備之日起 6 個月內召開會員大會或者會員代表
　　　　　　大會，通過章程，產生執行機構、負責人和法定代

表人，並向登記管理機關申請成立登記。籌備期間不得開展籌備以外的活動。

社會團體的法定代表人，不得同時擔任其他社會團體的法定代表人。

第 十五 條　　社會團體的章程應當包括下列事項：

(一) 名稱、住所；

(二) 宗旨、業務範圍和活動地域；

(三) 會員資格及其權利、義務；

(四) 民主的組織管理制度，執行機構的產生程式；

(五) 負責人的條件和產生、罷免的程式；

(六) 資產管理和使用的原則；

(七) 章程的修改程式；

(八) 終止程式和終止後資產的處理；

(九) 應當由章程規定的其他事項。

第 十六 條　　登記管理機關應當白收到完成籌備工作的社會團體的登記申請書及有關文件之日起30日內完成審查工作。對沒有本條例第十三條所列情形，且籌備工作符合要求、章程內容完備的社會團體，准予登記，發給《社會團體法人登記證書》。登記事項包括：

(一) 名稱；

(二) 住所；

(三) 宗旨、業務範圍和活動地域；

(四) 法定代表人；

(五) 活動資金；

　　　　　　　　(六) 業務主管單位。對不予登記的，應當將不
　　　　　　　　予登記的決定通知申請人。

第 十七 條　　依照法律規定，自批准成立之日起即具有法人
　　　　　　資格的社會團體，應當自批准成立之日起 60 日內向
　　　　　　登記管理機關備案。登記管理機關自收到備案文件
　　　　　　之日起 30 日內發給《社會團體法人登記證書》。社
　　　　　　會團體備案事項，除本條例第十六條所列事項外，
　　　　　　還應當包括業務主管單位依法出具的批准檔。

第 十八 條　　社會團體憑《社會團體法人登記證書》申請刻
　　　　　　制印章，開立銀行帳戶。社會團體應當將印章式樣
　　　　　　和銀行帳號報登記管理機關備案。

第 十九 條　　社會團體成立後擬設立分支機構、代表機構
　　　　　　的，應當經業務主管單位審查同意，向登記管理機
　　　　　　關提交有關分支機構、代表機構的名稱、業務範圍、
　　　　　　場所和主要負責人等情況的檔，申請登記。

　　　　　　　社會團體的分支機構、代表機構是社會團體的
　　　　　　組成部分，不具有法人資格，應當按照其所屬於的
　　　　　　社會團體的章程所規定的宗旨和業務範圍，在該社
　　　　　　會團體授權的範圍內開展活動、發展會員。社會團
　　　　　　體的分支機構不得再設立分支機構。社會團體不得
　　　　　　設立地域性的分支機構。

第四章　變更登記、註銷登記

第 二十 條　　社會團體的登記事項、備案事項需要變更的，
　　　　　　應當自業務主管單位審查同意之日起 30 日內，向登
　　　　　　記管理機關申請變更登記、變更備案（以下統稱變

更登記）。社會團體修改章程，應當自業務主管單位審查同意之日起 30 日內，報登記管理機關核准。

第二十一條　社會團體有下列情形之一的，應當在業務主管單位審查同意後，向登記管理機關申請註銷登記、註銷備案（以下統稱註銷登記）：

　　（一）完成社會團體章程規定的宗旨的；

　　（二）自行解散的；

　　（三）分立、合併的；

　　（四）由於其他原因終止的。

第二十二條　社會團體在辦理註銷登記前，應當在業務主管單位及其他有關機關的指導下，成立清算組織，完成清算工作。清算期間，社會團體不得開展清算以外的活動。

第二十三條　社會團體應當自清算結束之日起 15 日內向登記管理機關辦理註銷登記。辦理註銷登記，應當提交法定代表人簽署的註銷登記申請書、業務主管單位的審查檔和清算報告書。登記管理機關准予註銷登記的，發給註銷證明文件，收繳該社會團體的登記證書、印章和財務憑證。

第二十四條　社會團體撤銷其所屬分支機構、代表機構的，經業務主管單位審查同意後，辦理註銷手續。社會團體註銷的，其所屬分支機構、代表機構同時註銷。

第二十五條　社會團體處分註銷後的剩餘財產，按照國家有關規定辦理。

第二十六條　社會團體成立、註銷或者變更名稱、住所、法定代表人，由登記管理機關予以公告。

第五章　監督管理

第二十七條　　登記管理機關履行下列監督管理職責：

(一) 負責社會團體的成立、變更、註銷的登記或者備案；

(二) 對社會團體實施年度檢查；

(三) 對社會團體違反本條例的問題進行監督檢查，對社會團體違反本條例的行為給予行政處罰。

第二十八條　　業務主管單位履行下列監督管理職責：

(一) 負責社會團體籌備申請、成立登記、變更登記、註銷登記前的審查；

(二) 監督、指導社會團體遵守憲法、法律、法規和國家政策，依據其章程開展活動；

(三) 負責社會團體年度檢查的初審；

(四) 協助登記管理機關和其他有關部門查處社會團體的違法行為；

(五) 會同有關機關指導社會團體的清算事宜。

業務主管單位履行前款規定的職責，不得向社會團體收取費用。

第二十九條　　社會團體的資產來源必須合法，任何單位和個人不得侵佔、私分或者挪用社會團體的資產。

社會團體的經費，以及開展章程規定的活動按照國家有關規定所取得的合法收入，必須用於章程規定的業務活動，不得在會員中分配。

社會團體接受捐贈、資助，必須符合章程規定的宗旨和業務範圍，必須根據與捐贈人、資助人約定的期限、方式和合法用途使用。社會團體應當向業務主管單位報告接受、使用捐贈、資助的有關情況，並應當將有關情況以適當方式向社會公佈。

社會團體專職工作人員的工資和保險福利待遇，參照國家對事業單位的有關規定執行。

第三十條　社會團體必須執行國家規定的財務管理制度，接受財政部門的監督；資產來源屬於國家撥款或者社會捐贈、資助的，還應當接受審計機關的監督。

社會團體在換屆或者更換法定代表人之前，登記管理機關、業務主管單位應當組織對其進行財務審計。

第三十一條　社會團體應當於每年 3 月 31 日前向業務主管單位報送上一年度的工作報告，經業務主管單位初審同意後，於 5 月 31 日前報送登記管理機關，接受年度檢查。工作報告的內容包括：本社會團體遵守法律法規和國家政策的情況、依照本條例履行登記手續的情況、按照章程開展活動的情況、人員和機構變動的情況以及財務管理的情況。

對於依照本條例第十七條的規定發給《社會團體法人登記證書》的社會團體，登記管理機關對其應當簡化年度檢查的內容。

第六章　罰則

第三十二條　社會團體在申請登記時弄虛作假，騙取登記的，或者自取得《社會團體法人登記證書》之日起 1 年未開展活動的，由登記管理機關予以撤銷登記。

第三十三條　社會團體有下列情形之一的，由登記管理機關

給予警告，責令改正，可以限期停止活動，並可以
責令撤換直接負責的主管人員；情節嚴重的，予以
撤銷登記；構成犯罪的，依法追究刑事責任：

(一) 塗改、出租、出借《社會團體法人登記證
書》，或者出租、出借社會團體印章的；

(二) 超出章程規定的宗旨和業務範圍進行活動
的；

(三) 拒不接受或者不按照規定接受監督檢查
的；

(四) 不按照規定辦理變更登記的；

(五) 擅自設立分支機搆、代表機構，或者對分
支機搆、代表機構疏于管理，造成嚴重後
果的；

(六) 從事營利性的經營活動的；

(七) 侵佔、私分、挪用社會團體資產或者所接
受的捐贈、資助的；

(八) 違反國家有關規定收取費用、籌集資金或
者接受、使用捐贈、資助的。

前款規定的行為有違法經營額或者違法所得
的，予以沒收，可以並處違法經營額 1 倍以上 3 倍
以下或者違法所得 3 倍以上 5 倍以下的罰款。

第三十四條　　社會團體的活動違反其他法律、法規的，由有
關國家機關依法處理；有關國家機關認為應當撤銷
登記的，由登記管理機關撤銷登記。

第三十五條　　未經批准，擅自開展社會團體籌備活動，或者
未經登記，擅自以社會團體名義進行活動，以及被

撤銷登記的社會團體繼續以社會團體名義進行活動的，由登記管理機關予以取締，沒收非法財產；構成犯罪的，依法追究刑事責任；尚不構成犯罪的，依法給予治安管理處罰。

第三十六條　　社會團體被責令限期停止活動的，由登記管理機關封存《社會團體法人登記證書》、印章和財務憑證。社會團體被撤銷登記的，由登記管理機關收繳《社會團體法人登記證書》和印章。

第三十七條　　登記管理機關、業務主管單位的工作人員濫用職權、徇私舞弊、怠忽職守構成犯罪的，依法追究刑事責任；尚不構成犯罪的，依法給予行政處分。

第七章　附則

第三十八條　　《社會團體法人登記證書》的式樣由國務院民政部門制定。

對社會團體進行年度檢查不得收取費用。

第三十九條　　本條例施行前已經成立的社會團體，應當自本條例施行之日起1年內依照本條例有關規定申請重新登記。

第 四十 條　　本條例自發佈之日起施行。1989 年 10 月 25 日國務院發佈的《社會團體登記管理條例》同時廢止。

http://www.mca.gov.cn/artical/content/PMJN/2003

附錄三：取締非法民間組織暫行辦法

取締非法民間組織暫行辦法

（2000 年 4 月 10 日民政部令第 21 號發佈）

第 一 條　　為了維護社會穩定和國家安全，根據《社會團
　　　　　　體登記管理條例》和《民辦非企業單位登記管理暫
　　　　　　行條例》及有關規定，制定本辦法。

第 二 條　　具有下列情形之一的屬於非法民間組織：

　　　　　　(一) 未經批准，擅自開展社會團體籌備活動的；

　　　　　　(二) 未經登記，擅自以社會團體或者民辦非企
　　　　　　業單位名義進行活動的；

　　　　　　(三) 被撤銷登記後繼續以社會團體或者民辦非
　　　　　　企業單位名義進行活動的。

第 三 條　　社會團體和民辦非企業單位登記管理機關 (以
　　　　　　下統稱登記管理機關)負責對非法民間組織進行調
　　　　　　查，收集有關證據，依法作出取締決定，沒收其非
　　　　　　法財產。

第 四 條　　取締非法民間組織，由違法行為發生地的登記
　　　　　　管理機關負責。

　　　　　　涉及兩個以上同級登記管理機關的非法民間組
　　　　　　織的取締，由它們的共同上級登記管理機關負責，
　　　　　　或者指定相關登記管理機關予以取締。

　　　　　　　　對跨省（自治區、直轄市）活動的非法民間組織，由國務院民政部門負責取締，或者指定相關登記管理機關予以取締。

第　五　條　　對非法民間組織，登記管理機關一經發現，應當及時進行調查，涉及有關部門職能的，應當及時向有關部門通報。

第　六　條　　登記管理機關對非法民間組織進行調查時，執法人員不得少於兩人，並應當出示證件。

第　七　條　　登記管理機關對非法民間組織進行調查時，有關單位和個人應當如實反映情況，提供有關資料，不得拒絕、隱瞞、出具偽證。

第　八　條　　登記管理機關依法調查非法民間組織時，對與案件有關的情況和資料，可以採取記錄、複製、錄音、錄影、照相等手段取得證據。

　　　　　　　　在證據可能滅失或者以後難以取得的情況下，經登記管理機關負責人批准可以先行登記保存，並應當在七日內及時作出處理決定，在此期間，當事人或者有關人員不得銷毀或者轉移證據。

第　九　條　　對經調查認定的非法民間組織，登記管理機關應當依法作出取締決定，宣佈該組織為非法，並予以公告。

第　十　條　　非法民間組織被取締後，登記管理機關依法沒收的非法財物必須按照國家規定公開拍賣或者按照國家有關規定處理。

　　　　　　　　登記管理機關依法沒收的違法所得和沒收非法財物拍賣的款項，必須全部上繳國庫。

第 十一 條　　對被取締的非法民間組織，登記管理機關應當
　　　　　　　收繳其印章、標識、資料、財務憑證等，並登記造
　　　　　　　冊。

　　　　　　　需要銷毀的印章、資料等，應當經登記管理機
　　　　　　　關負責人批准，由兩名以上執法人員監督銷毀，並
　　　　　　　填寫銷毀清單。

第 十二 條　　登記管理機關取締非法民間組織後，應當按照
　　　　　　　檔案管理的有關規定及時將有關檔案材料立卷歸
　　　　　　　檔。

第 十三 條　　非法民間組織被取締後，繼續開展活動的，登
　　　　　　　記管理機關應當及時通報有關部門共同查處。

第 十四 條　　本辦法自發佈之日起施行。

附錄四：（之一）訪談問題

問題 1　貴協會日常事務支出與活動經費自給的比率為何？需不需要向政府申請補助？若需要，補助的比率為何？協會除經常性收入外，有無向外界募款？或自身有設立金融性機構、企業等營利作為協會的正規收入？

問題 2　貴協會之會員加入協會的主要目的為何？會員加入貴會是被地方政府與幹部動員入會？是被已為會員的同行朋友介紹入會？還是出於自我認知與需要入會？協會如何招募會員？會員人數？性別分佈？教育程度？

問題 3　會員對於貴協會所提供的服務是否滿意？滿意的原因為何？不滿意的原因又為何？會員遭遇的困難包括哪些？協會對會員的實質幫助是什麼？

問題 4　一九九八年修訂「社會團體管理登記條例」後，有否對貴協會辦理活動造成困擾？若有，如何調整？

問題 5　貴協會若對工商局或民政局某些規定不認同，會否採取申訴行為？若有，申訴的管道為何？能否達到效果？協會與其直接上級的關係如何？上級機構透過何種方式指導協會？

問題 6　貴協會曾否接受工商局制訂企業發展政策的諮詢？若有，曾被諮詢的具體內容為何？

問題 7　協會存在的目的為何？協會的組織架構如何？人員編制？日常工作如何運作？協會內部組織與管理如何協調？會長與副會長等核心權力小組如何形成？協會工作如何推動？協會有無顧問？協會至目前為止有無擴

充？哪些地方需要上級協助？

問題 8 協會開會時討論的議題通常包括哪些？是否請上級一
起參與？上級如何輔導或協助？協會與外界的公共關
係如何？外界如何看待本協會？協會有無競爭對手在
搶會員？

附錄四：（之二）
北京市私營個體經濟協會訪談紀錄

訪談人：Z

被訪者：D

時間：二〇〇四年九月

地點：北京市個體私營經濟協會辦公室

D：我們跟好幾個副會長、理事請示過關于訪談的事情，但是由於他們都比較忙。理事都不是脫產的，都還在做企業。所以就委託我來給你們介紹一下基本情況。我原來是工商局的，在協會也有四年多了，基本情況都還比較瞭解。不知道我會去查查。當然有些事情也不好說。

Z：謝謝，那就勞煩你了。

D：文革之後，全市所有的個體戶只有 200 來戶，私營企業沒有。十一屆三中全會之後，國家決定發展個體經濟。當時的主要考慮因素是要解決就業問題。之前的上山下鄉退下來的人的就業問題。不過當時還沒有下崗這個說法。

當了現在應該說是好多了。現在個體戶有 470234 戶；私營企業文革之前沒有，鄧小平南巡之後開始大發展，現在有196640 戶。（見附表）

82 年，個體戶已經有了一定的數量了。中央提出要加強對這些個體戶的管理和引導，以圍繞在國家和党的周圍。但是誰來管呢？當時沒有專門的部門來進行管理。

Z：那協會主要是提供什麼樣的服務呢？

D：我還沒有說完呢。在這種情況下，中央提出建立個體勞動
　　者協會。北京市組織試點，並最終成立北京市個體勞動者
　　協會。主要負責個體戶的管理和組織。九六年左右，私營
　　企業大發展了。當時北京市出現了 10 來戶。個體勞動者協
　　會已經不能夠囊括這些新出現的經濟了。於是就改為個體
　　私營經濟協會。到了二○○一年，北京市人民代表大會，
　　專門定了一個法規〈北京市促進個體私營經濟條例〉。同
　　時還專門為個體私營經濟協會寫了一章。為我們進行法律
　　定位，我們是一個社團，依照法律開展活動，主要是組織
　　個體工商戶和私營進行思想教育/管理什麼之類的。起到一
　　個政府和個體、私營經濟之間的聯結、橋樑的作用。
　　根據這個法規，協會的名稱改為私營個體經濟協會。這個
　　更改說明私營企業起來了。他的力量已經大大超過了個體
　　工商戶。我們的工作側重點也應該傾向於私營企業。八六
　　年到現在，已經經過了 18 個年頭。應該怎麼估價呢？應該
　　說，黨和政府的改革開放政策之後，私營企業已經成為首
　　都經濟的組成部分。在解決就業、維護穩定等方面都發揮
　　了重大作用⋯⋯（接電話）已經不是補充了。

Z：也就是說協會的成立並不是自發的。

D：應該說，我們這個協會不是自發成立的，而是在政府的支
　　持和要求下成立的。

Z：現在很多的社團協會似乎都是這個模式。

D：我們成立的時候是經過政府批准的，協會領導的任命，尤
　　其是會長的任命都是政府規定的。我們協會的第一屆名譽
　　主席／會長是北京市副市長，第二、三屆是工商局副局長。
　　現在的會長（第四屆）是專職的。原來是工商局的助理巡

視員，副局級幹部。

Z：副會長又是怎麼產生的？

D：我們秘書長兼常務副會長原來是工商局的副處，現在不任職了。

Z：副會長是全職的嗎？

D：我們還有幾個不駐會的副會長，都是私營企業主或個體工商戶。他們都是開會的時候才來。開常務理事會、年度總結的時候來。

我們的領導都是由相關領導部門提名，然後代表大會選舉通過。五年一次代表大會，有時候會延遲一兩年。

Z：協會現在有顧問嗎？

D：有顧問，但是幾乎不來，就是工商局局長。

Z：協會自成立之後就一直處於擴張發展狀態嗎？

D：我們已經成立了三級協會：市、區縣、鄉鎮/街道。區縣是由區縣社團辦登記的。我們是負責分會的業務指導工作。按照人大給我們通過的立法（即上述的條例），其中也規定了我們協會的主要職能。就是協調、監督、管理等。

Z：協會主要的日常活動有哪些？

D：按照規定，一個是服務。例如貸款擔保、商品配送、商業活動、商業談判。二是教育，灌輸相關法規之類的。三是宣傳，主要是宣傳個體私營企業的形象，好人好事。比如我們有個使幾年堅持學雷峰的個體戶，他的事蹟在中央電視臺和中央的報紙都得到了報導。其中的很多稿子就是我們協會寫的。還有其他的公益活動。第四是協調，就是協調個體私營經濟在發展過程中面臨的問題，如拆遷等。我們就需要找人幫忙協調。協調之後就是要監督。監督是要

195

作好對行政機關侵害個體私營經濟權益的行為的進行監督。通過前面的五條，實現促發展。

還有一個事。我們還具有一定的行政職能。這是政府和領導委託我們作的事情。就是聯席會議制度。聯席會涉及到方方面面，多個部門。一般是副市長牽頭。但是還得需要落實的機構啊。聯席會的辦公室就設在我們協會。通過市政府的 73 號檔，其中指定了聯席會規則。明確了聯席會的任務。還規定將負責聯席會日常工作的辦公室設在我們協會。

Z：協會除了五年一次的代表大會之外，是否還有其他的日常事務。

D：剛才說的聯席會是一個，一年兩次。研究當前的問題，提出對策。

Z：一般是討論什麼問題呢？

D：主要的當前的發展情況、存在的問題、對策等。其他的一些問題，如拆遷等就另外討論。

Z：除了聯席會議，是否還有其他活動？

D：日常還有評比活動、精神文明建設活動……我們的工作還是挺多的，你看我們的工作總結就可以看出來。（看總結）

Z：你們做的工作還真不少。……這個可以給我們一份嗎？宣傳學習一下。

D：……（沒有回答）

Z：協會開展活動的程式是怎樣的？如何開展一項活動？

D：這要看哪些工作了。比如說貸款擔保，先是申請，然後我們去調查。

Z：這是協會的哪個機構去審核呢？

D：我們有專門的機構去做。

Z：每次活動都有專門的機構嗎？

D：不是這樣的。而是說某些活動都是由各個部門負責開展
的。比如說教育，我們就開培訓班啊。主要是分部門管。
辦公室負責協調，還有專門為會員服務部等。

Z：部門之間是什麼關係呢？

D：都受會長領導的，它們之間是平行關係。一般性的問題按
照日常活動進行，重大問題就要開理事會、常務會討論。
有些問題還需要領導協調。

Z：你覺得協會的運作中，哪些需要領導的支援？

D：大的活動我們都需要領導的支援。例如開展精神文明建
設，優秀私營企業者和優秀個體工商戶，就必須經過有關
部門協商討論。我們建議工商部門表彰，因為我們自己的
表彰不頂用啊。不過具體的方案都是我們做的，我們是提
議。

剛才說了，北京現在有 40 多萬個體戶，私營企業 19 多萬。
不象過去的國有企業，有很多主管部門。等於我們的協會
就起到了聯繫協調的作用，貫徹和宣傳國家的相關政策，
我們成了不是主管部門的辦事部門。前些日子的北京一次
火災，燒死 30 多人。事故發生之後，各個單位都提高了警
惕，要加強監管。我們私營個體戶誰管呢？是我們在宣傳
和落實相關精神。還有非典。國家有好的政策、要求，但
誰去組織落實呢？我們就深入私營企業去宣傳。這些工作
都得做。

Z：協會的直接領導是工商局？

D：按照規定，我們是依照章程開展活動。但工商局還是我們

的領導機構。我們黨組織是接受工商局的黨組織的領導的，我們的協會領導也是工商局提名的，很多協會領導也是工商局過來的。

Z：工商局通過哪種方式來領導呢？

D：我們是該請示的就請示，該報告的就報告。

Z：我們的代表大會，工商局參加嗎？

D：參加，但不是作為參與者，而是作為組織者的身份參加的。

Z：這似乎是個比較普遍的模式。

D：是的。現在還有一個副市長聯繫我們的工作，這是要上檔的

Z：這樣，協會的級別又有所提高了啊

D：呵呵。孫安明副市長，是主管個體私營經濟工作的，也是聯席會的牽頭人。

所以我們有關個體私營經濟的事情都交給我們辦理。最近我們提出了一個議案，即關於私營個體經濟的人才問題。我們不是政府部門，是不可以提議案的。提議案是政府行為。但是孫市長就交給我們辦理。我們就去找了公安局。在北京開業達到一定時間就可以上戶口，3 年已經上了 40 多戶的戶口，雖然不多，但是也很重要。我們還聯繫了人事局。像外來大學生、家不在北京的、海外留學的等也制定了一些政策。還提出了利用綠卡來暫時解決問題。我們綜合起來之後，向政協反映。

Z：協會是否作過工商局的政策諮詢專案？

D：應該說這是我們的主要工作。例如〈北京市促進個體私營經濟條例〉就是我們作的前期調研和起草。雖然還有其他單位也參與了。黨的十六大三中全會之後，我們覺得現在

的措施已經不太適用了。我們就準備搞一個〈實施辦法〉，這屬於政府的職權範圍，就不需要通過人大立法了。

Z：會員一般是怎麼加入的？

D：協會是由個體戶和私營企業組成的，但不是所有的都會加入。需要交一定的會費。我們也不能夠強迫。加入之後我們會發一個會員證。

Z：會費是多少？

D：最多是 2000 元一年，分好幾個檔次。

Z：這個檔次是怎麼分的？標準是什麼？

D：這個就不好嘴說了，我得去查查。

Z：協會除了行政撥款和會費之外，還有其他收入嗎？

D：現在還沒有。

Z：那有向外界募款嗎？

D：我們的募款是給人家的，而不是給我們自己的。去年非典時期我們組織捐款，數目不小，直接給了醫院。北京市還沒有號召捐款，我們的第一撥捐款就已經完成了。還有東部水災、西部婦女保護、環境保護等。沒有用於個人的募款。

Z：協會有成立自己的金融機構或企業什麼的嗎？

D：沒有。原來我們有一個光彩公司。但後來被撤銷了，好像二〇〇一年的時候。因為我們是全額撥款的事業單位。不允許辦。

Z：九八年頒佈的《社會團體管理條例》對協會工作的影響大嗎？

D：沒有什麼大的影響，我們每年都年檢。

Z： 我記得其中的第四條提到社會團體「不得從事盈利性經營活動」。光彩公司的撤銷是不是因為這個？

D： 我們現在也沒有了。

Z： 我們是通過哪種方式招募會員的？

D： 企業開業的時候，我們去動員。他們去工商局登記的時候，我們就去宣傳我們的職能和服務。

Z： 有沒有主動找上來的？

D： 也有

Z： 會員介紹的呢？

D： 也有，但我們也分不清哪是哪了。

Z： 政府動員的也有嗎？

D： 應該說，我們主要是自己的工作，而不是政府幹的。絕大部分都是我們去動員的。

Z： 你們有沒有瞭解會員加入的目的是什麼？

D： 我們能夠為企業提供服務，幫忙協調問題。要不出了問題他們找誰？我們還有律師、衛宣部。免費諮詢，幫助年檢。我們提供了實實在在的服務。

Z： 還有其他嗎？

D： 還發佈一些重要資訊，我們有自己的網站。

Z： 協會有無考慮擴大自己的會員？

D： 我們現在是做好自己的服務，以服務來吸引大家。

Z： 協會吸納新會員的目的是什麼？

D： 我們不是為了擴大自己的地盤，而是為讓他們團結在黨和政府的周圍，維護穩定。比如去年非典時期，如果不組織起來，怎麼按照政府要求去落實啊？通過宣傳才能夠收到相應確切的消息。不可能是自發的、獨立的。比如幫助人家解決貸款問題了，企業就發展了。一個企業一年交 1000元算什麼？你請個人幫忙還要請人家吃飯什麼的。我們就是通過服務吸引大家的。

還有法律服務。上次朝陽區有一個體戶拆遷，但是沒有得到相應的補償。我們聽到消息就進行調查。調查完了就提供法律救濟。我們向政府提出，不補償沒有法律依據。不管補償多少也得補償。沒做好思想工作又沒有補償，損害了個體工商戶的利益。咱們給他據理力爭。政府也得講道理。

還有海澱的三角債所引發的問題。很多人去搶商場。我們就去勸告大家說要平靜、一定要沿用法律程式。這些都是有利於社會穩定的工作。

Z：那你覺得協會還應該在哪些方面進一步發展？

D：服務。我們口號是增強服務意識、拓寬服務領域、完善服務措施、提升服務層次、提高服務效率。這是我們協會以後幾年的工作目標。

Z：你覺得在哪一塊我們還做得不夠？

D：服務面比較窄。還有將近一半的個體私營企業沒有加入我們的協會。而且已經入會的成員當中，我們服務面也還不夠，除了開個大會、發點資料之外，商品配送、商標指導、合同管理都還不夠。受益面比較窄。（這個時候史主任交代不要拿資料）

協會本身的工作還是不夠。

Z：這是因為經費的限制嗎？

D：經費還是比較緊的。事業撥款不可能大手大腳地給我們撥很多。遇到轉向活動還的另外申請經費。如剛才說的那個《實施辦法》就另外寫了報告，撥了 5 萬。

Z：是一年固定多少嗎？

D：不是。固定的只是人頭費開支，也就是工資。大型活動都是另外撥款。如市長開個座談會，找 100 個企業。我們就得像樣一點找個比如北京大飯店。類似的就要 10 多萬。

Z：那人頭費是多少呢？

D：我也說不清楚。我們市協會有 24 名專職人員、4 名臨時工（一個看門的、一個司機、兩個辦公室人員）。沒有兼職的。就是這些人的工資。

Z：協會現在都有哪些部門和成員呢？

D：會長、秘書長和副秘書長，還有部門工作人員是辦事機構。整個班子包括會長、秘書長、常務理事、理事、副會長。會長一個，常務副會長一個，還有 9 個副會長，都是個體戶和私營企業主。理事 84 個，其中常務理事 34 個。所有的理事都是個體戶和私營企業主。就像黨的機構一樣：常委和委員。

Z：理事一般多久開一次會？

D：理事會比較少，常務理事會是一年兩次。人家是搞企業的，比較忙。現在的電子郵件比較方便，我們需要建議的時候就發郵件。

Z：現在有幾個部門？

D：辦公室、宣教部（包括辦刊物）、服務部、資訊部、組聯部，也就是會員部。其中會員部還沒有完全獨立，掛在辦公室下面。

Z：有設立專門的法律顧問嗎？

D：我們有專門的宣教部和服務部，他們都提供法律諮詢。我們的區縣分會都有衛宣部和服務部和法律顧問。有的一個禮拜去幾次。有時候講講合同法、商標法等等；解答會員的問題；遇到打官司的時候就適當收點費（訴訟費和代理費）。不打官司就不收費，免費諮詢。

Z：會員現在所面臨的主要問題是什麼呢？

D：北京現在的主要問題是拆遷問題。這條街的場地拆遷了，他賴以生存的經營條件就沒有了。有的就陷入困難了。還有貸款問題。銀行貸款需要擔保，房子什麼的。而有些個體戶什麼都沒有。所以我們服務部就成立了一個貸款擔保機構。但主要是小額、短期的貸款。幾十萬的那種。

Z：小額短期的協會可以擔保？

D：協會沒有什麼財產可以作為擔保，所以不可能擔保大額貸款。有些貸款領域可能也還沒有向個體戶開放。

Z：協會總共擔保過多少額度？

D：二○○四年上半年申請 461 戶，解決 182 戶，總共是 8234.5 萬。都是小額短期的貸款，屬於救急性的。每家幾十萬。投資上千萬的，我們就幫不上忙了。

Z：在拆遷問題上，協會的工作有哪些？

D：我們就是向政府反映。這也是我們所唯一能夠做的事情了。

Z：有什麼實際的案例嗎？

203

D：有，肯定有。拆遷對於個體戶來說是比較困難的。剛才說
　　的朝陽區那個例子就是一個。我們也找工商局，協會是歸
　　工商局管的。工商局也管市場。協會還承擔了好多的社會
　　工作，如計劃生育、獻血。我們的個體戶也分組、分地區
　　的。

Z：除了這些之外還有其他什麼主要困難？

D：某些行業領域，個體戶和私營企業事實上還進不去。雖然
　　沒有明文規定的限制，如水、電、氣、公交。沒有人批准。
　　工商局不敢登記。現在是法律上不禁止，但是事實上不太
　　可能進入。另一個是資訊獲取問題。政府的政策我們都在
　　網站上公佈。個體、私營企業不像國有單位那樣只等紅頭
　　文件。但是網站更新也不是很快。因而政府和私企之間的
　　資訊溝通之間還是存在障礙。
　　還有人才方面的問題。一般的本科生或以上學歷的人，在
　　私營企業裏都待不長。留住人比較困難。還有人才檔案問
　　題。國有企業有專門的組織部。私營企業也有三五百人的，
　　黨員也有。這樣，檔案就得放人才市場，每年得交保管費。
　　有的大企業光檔案管理費就上百萬。
　　私企的合法權益保護也是個問題。有個領導叫某私營企業
　　做工程。花了 1000 多萬。結果只付了 500 萬。剩下的 500
　　萬就不給了。企業到法院打官司。但是領導已經調走了。
　　法院也不會跟政府碰。再如現在的民工工資拖欠問題：政
　　府不付款，拿什麼發工資啊？北京市這種情況不多，但也
　　存在。

Z：協會與工商局之間由於認識上的差異，在某些問題上是否

存在分歧？

D：沒有什麼問題。應該說，現在全黨在發展私營經濟上一條
　　心，不存在大的分歧。但也不是說完全沒有。

Z：萬一遇到不協調如何解決呢？

D：只能是向政府反映。

Z：向誰反映？

D：只能向政府，直接向市長打報告。

Z：不通過工商局？

D：不通過，直接反映。我們協會還有聯席會的作用。按照市
　　政府的規定，可以代理會員的投訴。我們可以代表他們向
　　有關部門反映。包括各級部門。不過我們也就只能反映了，
　　我們也不是權力部門。協會能力有限。

Z：協會如何開展公共關係？

D：該發文件的就發文件。如精神文明建設活動，然後我們就
　　往下傳達。

Z：協會在外面的形象如何？

D：總的還可以，因為這幾年我們還是做了不少實事。而且現
　　在還有副市長主管。現在地位已經大大提高了。

Z：協會在個體戶中的形象怎麼樣？

D：問題在於我們服務面還不夠。服務不夠，他們對我們的認
　　識就不夠。

Z：剛才說的光彩公司是怎麼回事？

D：原先的事業單位可以搞一些盈利性單位以解決資金問題。
　　2001 年撤銷了。

Z：原來它是做什麼業務的呢？

D：主要是解決商品配送、假冒偽劣問題，進貨難問題。我們找了一些大的生產廠家，讓他們直接將商品送到個體戶。我們不參與具體的配送，也不收取費用。但是運營的時間不長。

Z：是不是因為九八年的《社會團體管理條例》的限制？

D：具體說不清楚。原來我們是摻乎在裏面。後來黨政機關、事業單位都不能辦企業。我們也由差額撥款改成全額撥款。現在的區縣協會是差額撥款，他們有會費。

Z：市協會不是也有會費嗎？

D：市協會沒有直接會員。區縣協會的會費給我們一部分。

Z：多大的比例呢？

D：10%。會費都由基層協會收取，然後匯總到區縣協會。我們的會費每年也還上繳一定的比例給全國協會。每年都好幾萬。具體數目我也不是很清楚，因為不分管這個事情。中央的協會也沒有直接會員。

各級協會之間還存在指導、領導關係，會佈置一些工作。

Z：協會有沒有統計過會員當中的性別比例和教育程度？

D：我給你找找。（見附錄）

Z：協會存在會員不足，活動難以開展之類的問題嗎？

D：我們協會的存在並不依賴于會員和他們交的會費，所以也不存在上述的問題。而且我們會員的絕對數量還是很可觀的。核心問題是服務問題。

我看時間也差不多了吧。該介紹的都基本上介紹了。

Z：相當感謝先生為我們提供相當有價值的介紹。謝謝！

（附表一）：會員性別比例和教育程度情況

1. 個體戶：267061 戶。其中從業人數 413624 人，女性占 137178 人，少數民族有 11108 人，外來人口有 131933 人。

年齡	35 以下			36-59		60 以上	
	187985			201691		23975	
教育程度	木科以上	大專	中專	高中	初中	小學	文盲
	10404	27711	53551	129774	172063	17816	2305

2. 私營企業：146058 戶。企業負責人 146058 人（但是根據以下資料統計，只有 134649 人）。其中有進出口權的企業有 114 戶。

女性 24393 人，少數民族 3705 人。

企業形式	個人獨資	私有	公司制	改制	其他
	15335	12549	105382	674	9061

年齡	35 以下	36-60	60 以上
	55521	71453	7675

文化程度	本科及以上	大專	高中	初中	小學
	34360	48194	39769	11650	676

（附表二）：二○○四年上半年工作總結

1. 加大擔保面
2. 商品配送工作：2560 萬元
3. 義務幫助年檢
4. 醫療優惠服務
5. 監督、宣傳
6. 職業培訓和人才引進等工作
7. 經濟發展懇談會
8. 評選守信企業、打造誠信體系
9. 網路建設
10. 維權、法律顧問工作
11. 與 12315 投訴中心建立消保聯繫制度

（附表三）：北京市共有個體戶 474023 戶，私營企業 196640
戶，其中會員分別有 267061 戶和 146058 戶。

（附表四）：全市協會的工作人員有 499 人。其中專職 198 人，
兼職 115 人，臨時聘用 186 人。

附錄五：上海個體勞動者協會訪談紀錄

訪談時間：二〇〇四年十二月
訪問者：X 先生
受訪人：D 生先
地點：上海零陵北路 1 號徐匯區個體勞動者協會

問：很感謝您接受我的訪談，我是研究中國社會轉型問題的學
　　者，對社會中間組織在市場經濟中的作用問題很感興趣，
　　隨著市場經濟的發展，中間組織的作用越來越明顯，我本
　　人也很關注上海個體勞動者協會的作用。一方面，社會上
　　有許多個體戶，他們有利益要向政府表達，另一方面，政
　　府也需要通過你們與廣大個體戶建立聯繫，你們起到了政
　　府與個體勞動者之間協調的溝通作用。我想通過您進一步
　　瞭解，你們協會與政府之間，以及與個體戶之間的具體關
　　係。能不能具體談談你們協會的作用與目的？

答：我們協會成立於八十年代中期，成立的目的，政府提出的
　　要求是，自我教育，自我管理，自我服務。能聯絡廣大非
　　公有制人士，起到教育群眾，穩定社會、落實政府的各項
　　政策的作用。我們協會的會長、副會長、秘書長都是政府
　　推薦到協會來任職的，但必須通過由個體勞動者會員大會
　　民主選舉通過。就政府而言，希望因為我們的存在，而「多
　　了一支手」，我們協會承擔著幫助政府協調個體勞動者的
　　作用。另一方面，個體戶是社會上同樣是需要幫助的階層，
　　他們有許多困難，如果不管他們，讓他們自行其是，既不

利於社會穩定，也不利於他們解決問題。因此，我們也要
起到代表廣大個體戶的利益，代表個體戶與政府溝通。隨
著社會的發展，也開始有了一些新的矛盾，個體戶有許多
現實的需要，我們必須關注他們的利益，如果脫離了他們
的需要，就會失去對他們的吸引力。但如果完全站在個體
勞動者一邊，也不能起到政府希望我們承擔的作用。

問：協會會員是否是自願加入協會？

答：會員都是自願的，現在會員人數 8000 人左右，過去達到了
全區個體戶的 90%，現在略有下降，只有 80%。人數下降
有多種原因，轉行，拆遷，走掉了不少人。

問：協會經費來源如何？需不需要向政府申請補助？若需要，
補助的比率為何？協會除經常性收入外，有無向外界募
款？或自身有設立金融性機構、企業等營利作為協會的正
規收入？

答：過去由政府補貼，現在政府補貼已經全部取消。經費完全
靠會費收入，每年向每個會員收會費為 180 元。這個數字
其實是很低的。合計經費收入一百多萬元，用於辦事人員
工資，辦公室租金，以及全部活動開銷，都要在這一百多
萬元裏支出。因此還是比較緊的。互助性的募捐是有的，
對於社會公益事業，有的發家致富的個體戶的態度還是相
當明朗積極的。例如，最近就有一位發家致富的私有企業
主把全區貧困學生一年的中餐費全部包了下來。政府一方
面讓我們自己解決經費問題，我們就要依靠會員，為了獲
得會員的積極支援，我們就要更多地代表會員利益，使我
們對他們有吸引力，但這樣做也不容易。因為我們並沒有
什麼權力，許多東西靠我們向上面反應，但反映的效果則

並不取決於我們。

問：你們協會平時為會員做哪些事？如何能代表會員利益與政府溝通？

答：個體戶有許多困難，他們不像企業職工，個體戶工作生活都相當分散。我們做了許多具體的事，例如，組織節日聯歡活動，參觀市政建設，甚至有時連追悼會也要由我們組織開。此外，我們還要評年度個人先進，文明經商，三八紅旗手。這些都是政府要求我們做的事，我們還設立「愛心服務點」。組織小分隊，前往孤兒院、敬老院、福利院和軍烈屬家庭上門服務；用於幫助特困家庭和特困學生，以及生活窘困的下崗人員。另一方面，會員則希望我們做那些涉及個體勞動者權益的事，例如，市里動遷，產生許多矛盾，都由我們去協助他們與政府溝通。例如，就拿我們樓下的菜市場來說，就需要我們去為個體戶爭取利益。我們這幢大樓底層鋪面原來都是菜市場的攤位，後來附近的街道要劃出其中一塊地來做超市賺錢，把攤位減少了，這就影響到了個體勞動者利益，我們就為此代表個體戶向區政府申訴，目前正在解決中。

問：會員對你們的工作是否滿意？滿意的原因是什麼，不滿意的原因是什麼？會員面臨的困難有哪些？

答：我們代表個體勞動者利益來向政府說話，但往往代表得不夠，協調不夠，主要是我們沒有什麼權，影響力有限。例如，現在個體戶面對許多政府部門要攤派，政出多門，許多部門都伸手向個體戶要錢，這些部門誰也得罪不起，例如，個體勞動者雇工在八人以下，會員要為職工交納職工勞動保險費，保險費裏有許多是單方面的霸王條款，只由

211

保險公司單方面說了算，花錢多，往往真的出了事，保險公司又拒絕理賠。此類雜七雜八的事很多，往往都需要我們出面協調。另外，有些政府部門的政策不透明，這些都需要我們出面幫助個體戶向政府申訴反映，政策不是我們制定的，我們的反映能不能上達到政府制定政策者，能起到多大作用，我們就說不上來。例如市政動遷問題，涉及到了個體戶切身利益。個體戶經商靠的就是這個街口的營業門面。靠山吃山靠水吃水，只要一聲令下要拆遷，那就什麼也沒有了，個體戶靠的是什麼？靠的就是這些店鋪面積，除了這些店鋪門面，可以說一身一無所有，他們沒有其他技藝，沒有雄厚資金，也沒有社會影響力，這些店面家當一旦被列入拆遷範圍。裝修費，管理費。與客戶建立的聯繫，等等，也就同時消失了，什麼都沒有了。

問：一九九八年修訂「社會團體管理登記條例」後，有否對協會辦理活動造成影響？如有，如何調整？

答：由於我們原先是由政府自上而下建立起來的，有人說，我們實際上是政府的派出機構，這話不一定準確，但也有一定的道理。我們是接受政府指導來協調個體戶進行自我管理的，所以社團管理登記條例的限制條件，與我們關係並不大，對我們並沒有什麼影響。我們的問題是，在政府與個體勞動者之間定位會有些困難，代表下面利益多了，代表政府方面就少了，代表政府方面多了，下面不一定滿意，總覺得我們沒有盡到自己為個體戶講話的責任，我們對他們的吸引力就少了，如果我們對他們的吸引力少了，他們的會員也就少了，我們協會的生存也會有困難。這裏有矛盾。

問：有沒有這樣的情況：就是由於個體勞動者覺得你們不能代表他們利益，因此想越過你們，自己組織協會？

答：在其他行業有這種跡象，但我們要儘量避免出現這樣的情況，因為我們總是希望能幫助他們解決實際困難，成為他們的知心朋友。

問：協會若對工商局或民政局某些規定產生分歧，會否採取申訴行為？申訴的管道為何？能否達到效果？協會與其直接上級的關係如何？上級機構透過何種方式指導協會？

答：協會受工商局與民政局的領導，工商局主要提供業務指導，民政局主要提供監督檢查。

問：十分感謝你接受我的訪談，通過你的介紹，我瞭解了你們作為社會中間組織在上海經濟生活中起的作用，中國正處於一個轉型時期，你所談的問題，對於我們思考中國發展中的深層次問題很有啟示。

國家圖書館出版品預行編目

中國大陸國家與社會關係 1989-2002：以鑲嵌之社會團體
　　自主性為例 / 戴東清著. -- 一版.
　　臺北市：秀威資訊科技, 2005[民 94]
　　　面 ；　　公分. --　參考書目：面
　　ISBN 978-986-7263-86-5(平裝)
　　1. 社會關係 - 中國大陸
　　2. 社會團體 - 中國大陸

540.92　　　　　　　　　　　　　　　　94020557

 社會科學類　AF0035

中國大陸國家與社會關係 1989-2002
——以鑲嵌之社會團體自主性為例

作　　者 / 戴東清
發 行 人 / 宋政坤
執行編輯 / 李坤城
圖文排版 / 張慧雯
封面設計 / 羅季芬
數位轉譯 / 徐真玉　沈裕閔
圖書銷售 / 林怡君
網路服務 / 徐國晉
出版印製 / 秀威資訊科技股份有限公司
　　　　　台北市內湖區瑞光路 583 巷 25 號 1 樓
　　　　　電話：02-2657-9211　　　傳真：02-2657-9106
　　　　　E-mail：service@showwe.com.tw
經 銷 商 / 紅螞蟻圖書有限公司
　　　　　台北市內湖區舊宗路二段 121 巷 28、32 號 4 樓
　　　　　電話：02-2795-3656　　　傳真：02-2795-4100
　　　　　http://www.e-redant.com

2006 年 7 月 BOD 再刷
定價：260 元

讀 者 回 函 卡

感謝您購買本書,為提升服務品質,煩請填寫以下問卷,收到您的寶貴意見後,我們會仔細收藏記錄並回贈紀念品,謝謝!

1. 您購買的書名: _____

2. 您從何得知本書的消息?

    □網路書店　□部落格　□資料庫搜尋　□書訊　□電子報　□書店

    □平面媒體　□ 朋友推薦　□網站推薦　□其他_____

3. 您對本書的評價:(請填代號　1.非常滿意 2.滿意 3.尚可 4.再改進)

    封面設計____　版面編排____　內容____　文/譯筆____　價格____

4. 讀完書後您覺得:

    □很有收獲　□有收獲　□收獲不多　□沒收獲

5. 您會推薦本書給朋友嗎?

    □會　□不會,為什麼?_____

6. 其他寶貴的意見:_____

_____

_____

_____

讀者基本資料

姓名: _____ 年齡: _____ 性別:□女 □男

聯絡電話: _____ E-mail: _____

地址: _____

學歷:□高中(含)以下　□高中　□專科學校　□大學

    □研究所(含)以上 □其他_____

職業:□製造業 □金融業 □資訊業 □軍警 □傳播業 □自由業

    □服務業 □公務員 □教職　□學生 □其他_____

To：114

台北市內湖區瑞光路 583 巷 25 號 1 樓

秀威資訊科技股份有限公司　　　收

寄件人姓名：

寄件人地址：□□□

(請沿線對摺寄回,謝謝!)

秀威與 BOD

BOD（Books On Demand）是數位出版的大趨勢，秀威資訊率先運用 POD 數位印刷設備來生產書籍，並提供作者全程數位出版服務，致使書籍產銷零庫存，知識傳承不絕版，目前已開闢以下書系：

一、BOD 學術著作—專業論述的閱讀延伸
二、BOD 個人著作—分享生命的心路歷程
三、BOD 旅遊著作—個人深度旅遊文學創作
四、BOD 大陸學者—大陸專業學者學術出版
五、POD 獨家經銷—數位產製的代發行書籍

BOD 秀威網路書店：www.showwe.com.tw
政府出版品網路書店：www.govbooks.com.tw

永不絕版的故事・自己寫・永不休止的音符・自己唱